新訂版

トピックによる 日本語総合演習

テーマ探しから発表へ

中級前期

佐々木薫・赤木浩文・安藤節子・草野宗子・田口典子

編著

スリーエーネットワーク

Published by 3A Corporation.
Trusty Kojimachi Bldg., 2F, 4, Kojimachi 3-Chome, Chiyoda-ku, Tokyo 102-0083, Japan

ISBN978-4-88319-850-4 C0081

First published 2001
Revised Edition 2009
New Edition 2020
Printed in Japan

はじめに

　この教材は、勉学・研究のための日本語運用力を養成する目的で作成したものです。学習者が「自分でテーマを探して調査、考察、発表する」ことを目標とし、そのプロセスで情報収集、情報伝達、調査分析、原稿作成、発表などのスキルが養われます。トピックはそのための手段と位置づけていますが、さまざまな背景、専門分野の人たちがいっしょに学べるように、多様な側面を包括したトピックを取りあげています。

　内容中心で産出型の授業はこれまで主として上級レベルにおいて多くの事例が見られましたが、同様のことをできるだけ早い段階から実施したいと考えました。1つのトピックについて内容理解を深めながら四技能を有機的に統合して活動するためには、まとまった長さの情報構造のある文章の読解、産出の力が必要ですが、トピックの抽象度や課の構成などを調整することにより初級終了段階からそれが可能であることが実証されました。

　『トピックによる日本語総合演習 テーマ探しから発表へ』は、中級前期、中級後期、上級の3レベル3冊の教材となっています。上級は、教材の他に生のデータと記事などの資料を併せて使っていただくようになっています。

　出版物としてまとめる段階で、佐々木倫子先生に貴重なアドバイスをいただきました。この教材を使った授業において、学習者とのインタラクションを通して、「学習者は非常に大きな可能性を持っている」ことに改めて気付かされ、教師の役割を捉えなおす機会となりました。

　改訂版の出版から10年を経たことを機に、グラフデータを主としてアップデートを行い、新訂版を出すことになりました。編集を担当してくださったスリーエーネットワークの田中綾子さん、中川祐穂さんに深く感謝いたします。

著者一同

この本を使う方へ

Ⅰ．概要

【目的】

　この教材で、学習者は自国・自分自身のことについて他国（日本など）との比較を通して意識的に捉えなおし、自分の国のことや自分の考えを日本語で発信できるようになることを目標として授業活動を行います。現代日本の事情はそのきっかけとして提供しています。

　一連の活動のプロセスで次のような「調査発表のための日本語運用力」を養うのが本書の目的です。

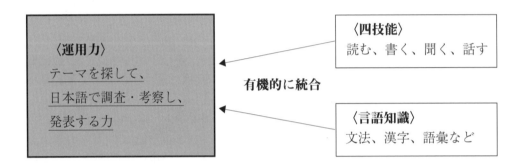

【トピックについて】

　初期段階ではトピックについて広く浅く情報入手や情報交換を行って知識を得た後、学習者が各自のテーマを探って調査発表を実施します。学習者の背景や興味・専門は多様であると予想されるので、国を越えて共有できる今日的話題であり且つ多様な側面を包括したものを選ぶようにしました。この本では、「旅行」「いつ、どこで買う？」「祭り」「贈り物」「マスメディア」の5つを取りあげています。

【対象者】

　初級を終了した段階で、調査発表のための日本語運用力を養成したい人。

【本書の構成】

各トピック：詳しくは次の項を見てください。
調査・発表のための手引き：
　1．グラフの読み方
　　　早い段階でグラフの読み方・説明の仕方を練習する。
　　　各トピックで、情報を得たり、調査結果を発表するときにグラフを使う。
　2．手紙の書き方
　　　時間配分によって手紙の書き方を練習するとよい。
　3．アンケート調査
　　　1）アンケート調査計画
　　　　　アンケート調査をするときの方法や手順の参考。

２）アンケートシートの例
　　　　これを参考にして、学習者は自分のテーマに沿ったシートを作成する。
　　３）アンケートのしかた
　　　　アンケートを実施する際の手順と表現を学ぶ。
　　４）アンケートのまとめ方の例
　　　　これを参考にして、学習者は調査した結果を伝えられるようにまとめる。
　４．意見を言うとき／発表するときの表現
　　　　正式な場面での口頭発表の表現、それを前提とした原稿の書き方を学習する。
　５．評価表
　　　　教師が評価をするときの目安にする。また、個々の活動に入る前にこの表を学習
　　　者に示すと、注意点やポイントを示すことができる。
　　１）アンケート調査発表評価
　　２）発表評価（アンケート調査、文集作り以外）
　　３）文集作り評価

【各トピックの構成と目的、養成されるスキル】
　　新しいトピックに入るときに、活動の流れとそれによって養成される運用力について
学習者が理解しておくよう、教師から学習者に説明します。
　　例１：導入 → グラフ情報 → 読み物 → アンケート調査 → 口頭発表
　　例２：導入 → グラフ情報 → 読み物 → 経験・意見を書く → 文集作り
　　また、調査発表に入る前に、使用するシート類を見せながら手順を説明し理解を促し
ます。

〈はじめに〉
各トピックの導入部。トピックに関連して、知っている
こと、知りたいことなどについて話し合う。トピックを
身近に感じ、続く活動の動機づけとする。

・ディスカッション

▼

〈情報１：グラフ〉
グラフを理解し、内容を説明する。
「調査・発表のための手引き」の「グラフの読み方」を
使い、前もって練習しておく。
トピックに関して広く一般情報を得る。（学習者間で共
通の情報）

・グラフを読む
・グラフを説明する
・説明を聞く

▼

〈情報２：読み物〉
トピックのある側面を取りあげた文章から情報を得る。
（学習者間で共通の情報）

・精読
・関連語彙の習得
・表現の習得

▼

┌─ **〈調査発表〉** ─────────────────────────┐

これまで得た情報を基にして、個人またはグループで各
自の<u>テーマを絞り</u>、<u>調査発表</u>を行う。
①日本語で調査する（次のいずれか）
　・アンケート
　・文集作り
　・経験・意見などをまとめる
②発表の準備をする
　・原稿を書く
　・グラフなどの視覚資料を作る
③発表する（次のいずれか）
　・口頭発表と質疑応答
　・文集作り

学習者が主体的に動き、教師はその活動をサポートす
る。調査発表には日本人の参加や協力を得るとよい。

└──────────────────────────────────┘

┌────────────────┐
│・アンケート調査
│　シート作成
│　実施
│　結果考察
│・原稿を書く
│・発表（口頭または文章）
│・質疑応答
│・文集作りなど
│・フィードバック
└────────────────┘

【学習者と教師】

　「読み物」までは一斉授業ですが、「調査」から「発表」の段階では学習者一人一人の
目的や興味に合った個別のテーマ・内容で授業が進められます。教師は前面から裏方に
移行し学習者のサポートをします。教師の役割は<u>学習者が自律的な取り組み方を伸ばせ
る</u>よう指導することです。

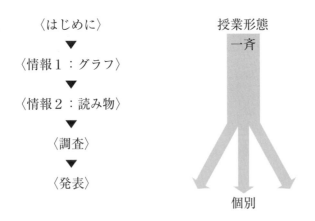

II．コーススケジュール

【時間数の目安】

　1トピック：15〜21時間

【コーススケジュールの例―②いつ、どこで買う？―】

大枠内が『新訂版トピックによる日本語総合演習 テーマ探しから発表へ』の部分です。

日数	1時限 9:00〜9:50	2時限 10:00〜10:50	3時限 11:00〜11:50	4時限 12:00〜12:50	予習など
1日目			*グラフの読み方 はじめに（アンケートの予告）		
2日目			グラフ、ことば		
3日目			表現		
4日目	漢字、聴解、発音、ショート・ディスカッションなど	文法項目の理解、およびその項目の場面会話を学ぶ 例：名詞修飾、自動詞・他動詞、敬語、「は」と格助詞、など	読み物 アンケート調査の導入		クラスに臨む前に予習をする
5日目			*アンケート調査計画 *アンケートシートの例 テーマを決め、質問を考える		
6日目			アンケートシート作り		
7日目			*アンケートのしかた アンケート調査実施		
8日目			*アンケートのまとめ方の例 アンケート集計、原稿書き		
9日目			発表準備 *意見を言うとき／発表するときの表現		
10日目			発表		
11日目			フィードバック		

*巻末の「調査・発表のための手引き」より

Ⅲ．進め方の例「②いつ、どこで買う？」

　ここでは「②いつ、どこで買う？」を事例として進め方を紹介します。授業の進め方は、そのときの学習者の日本語力や興味などによって一様ではありません。この例を参考にしながら、個々の状況に合わせて授業を組み立ててください。

【1日目（約2時間）】

●授業の目的と進め方の説明

　授業の目的および各課の構成部分の目的（「Ⅰ．概要（p.(2)）」）を説明し、最終的には調査発表を行うことを学習者に理解してもらいます。

●グラフの表現の練習

　「調査・発表のための手引き（以下「手引き」と呼ぶ）」の「グラフの読み方（p.87）」を使ってグラフを説明する表現について1つ1つ練習します。多少時間がかかりますが、今後の活動のために必須です。（1度練習すればよく、2つ目以降のトピックでは必要ありません。）

●トピック「いつ、どこで買う？」の導入

　トピックが「コンビニ」「購買活動」であることを伝え、「はじめに（p.21）」のページの指示に従って、「購買活動」について自由に発言させます。個人的経験を中心にすると発言が出やすく、トピックを自分自身の問題として捉えられるようになります。

　教師は学習者がことばに詰まったときに補助したり、全員が均等に発言できるように質問を向け、重要な語句は板書します。次に、「はじめに」に示した関連語彙を確認しながら更に意見を引き出していきます。語彙は、学習者の日本語力と興味によって適宜追加省略します。

　学習者からは「私の国にはコンビニはない」「日本では自動販売機でいろいろな物を売っているので驚いた」「店の人とのコミュニケーションについて」「日本のデパートは便利で楽しい」「買うことでストレスを発散する人がいる」などの発言が出るので、国による違いなどに注目し、意見を出し合うことによってトピックに興味を持ってもらいます。

【2日目（約2時間）】

●「グラフ」を読む（p.22～p.23）

　「情報1」のグラフを学習者に説明させ、そこから何がわかるか考えさせます。各自の経験・体験や各国の店舗、自動販売機について互いに紹介すると、違いが明らかになり、お互いに興味を持ち活発に質問し合うのでそのための時間をとります。

●「読み物」の語彙の学習（p.30～p.33）

　「ことば」は予習が前提になっているので、一通り発音を確認します。使用に注意を要する語や辞書だけではわかりにくい語については、教師が意味や用法を説明します。動詞は、助詞の使い方にも注意を促します。重要なことばには「*」がついています。

【3日目（約2時間）】

●「読み物」の表現の学習（p.27〜p.29）

　教師が表現を説明した後、例文読み、短文完成に移ります。各自作成した文を口頭で発表させます。口頭ではできていても表記すると間違えることが多いので、書いたものを提出させて教師が確認します。

【4日目（約2時間）】

●「読み物」を読む（p.24〜p.25）

1．各自黙読してから、大まかな内容質問をして学習者が大意をつかんでいるかどうか確認します。
2．もう一度文章の最初から次のような細かい点に気をつけて1文ずつ読んでいきます。
　　・主語の抜けている文
　　・指示詞、指示語の確認
3．本文についての問題をします。
　　授業では答えを口頭で言わせますが、答えは書いて提出させます。

【5日目（約2時間）】

●アンケート調査の導入と説明

　教科書の「フローチャート（p.34）」を見せて、アンケート調査の流れを説明し事前の準備とします。「手引き」の「アンケート調査計画（p.91）」と「アンケート調査発表評価（p.99）」で、ポイントや注意点の概略を説明します。発表は5分位を目安として原稿をまとめるように指示します。（400字詰原稿用紙約3枚）

●テーマ探しと決定

1．グラフ、読み物などから今までに得た情報を基礎に、アンケート調査のテーマとして考えられる題材を出し合います。
2．学習者が思いつくままに挙げた項目を教師が板書して「このテーマについて、アンケートでどのようなことが考えられるか」など質問しながらアンケート調査を具体的なものにしていきます。ここではテーマを深く追求することはせず、挙げられた項目について学習者に各自調査の可能性を考えさせます。
3．学習者は授業時間内に自分のテーマを決定し、教師は同じテーマに集中しないように調整するといいでしょう。クラスの規模や学生の希望によっては共同発表も考えられます。
　　過去に学習者が選択したテーマには次のようなものがありました。自国・自分の紹介、日本・日本人との比較が多く見られました。
　　　「コンビニの実態（店員へのアンケートより）」「自動販売機」「通信販売」「お金の使い方」「買い物の場所について」

●アンケート調査の計画

　学習者の考えた「アンケート調査計画（p.91）」について、教師が個別に助言をします。この作業はこの日のポイントです。

●**アンケートシート作成についての説明**

　「**手引き**」の「アンケートシートの例（p.92～p.93）」を見せ、これに従って各自作成することを宿題にします。作成にあたっては次のような注意点を挙げます。

・アンケートの対象者を絞る。（誰に）

・目的を明確にし、結果を予想しながら一貫性のある質問項目を考える。（何を）

・自由回答形式はまとめる際手間がかかるので避ける。また、自分が回答する立場に立ってみて答えやすい質問を考える。（どのような）

【6日目（約2時間）】

●**アンケートシート作成指導（個別指導）**

　一人ずつ個別にアンケートシート作成のアドバイスを行います。注意点が守られていないもの、質問の意図がわかりにくいもの、結果のまとめが困難になりそうなものについては適宜アドバイスをします。

　他の学習者たちは、各自原稿の導入部分（アンケートの目的など）を書き始めます。

【7日目（約2時間）】

●**アンケートの仕方の練習**

　アンケート実施にあたり、「**手引き**」の「アンケートのしかた（p.94）」で頼み方の表現をペアワークなどで練習しておきます。

●**アンケートシート完成および実施（個別指導）**

　各自約20人分のアンケートシートを用意して、次の日までにアンケートを取ってくるように、学習者に指示します。

　この事例の場合は大学のキャンパス内で行いましたが、対象者によっては駅前、繁華街、その他特定の場所に出向いて実施することもあります。コンビニなど特定の場所に行くことがわかっている場合は、教師が前もって先方に依頼しておきます。

　街頭で行う場合は協力的でない人も多いので、そのことを事前に学習者に伝えておいた方がいいでしょう。

【8日目（約2時間）】

●**集計（個別指導）**

　アンケートの集計を行い、データの相関に注意しながら分析させ、特に注目すべき結果を見つけ出すよう、コメントしていきます。

●**原稿を書く（個別指導）**

　学習者は、「**手引き**」の「アンケートのまとめ方の例（p.95～p.96）」を参考に発表の構成を考え、原稿を書き進めます。

【9日目（約2時間）】

●原稿を完成する（個別指導）

　教師は、構成についてのアドバイスをし、文法、語句の間違いを直します。できるだけ学習者の意思を尊重しその思考に沿うように指導します。このレベルの学習者は語彙が限られるので、特に口頭発表の前の原稿では、自分のことばで説明できる範囲でまとめるように指導します。（原稿に難しい語句が多いと学習者は発表のときに下を向いたまま原稿を読んでしまいます。）

●グラフ、図の作成（個別指導）

　視覚資料を作成させます。この際、適切なグラフになっているかどうかをチェックします。

●発表の仕方

　「手引き」の「アンケート調査発表評価（p.99）」を再度確認し、発表のときの注意点を挙げます。時間があれば個別に発音指導を行います。

【10日目（約2時間）】

●発表

　当日は日本人学生など外部から人をビジターとして招き、質疑応答に参加してもらうことが望ましいでしょう。

　簡単なコメントシートを作って全員に配布して記入してもらい、後で発表者に渡します。教師は「アンケート調査発表評価（p.99）」に従って評価します。評価表の「4　3　2　1　0」は、その項目が4点満点であることを示します。「④　3　2　1　0」または「4　3　②　1　0」のように各項目を評価して、合計を下に記入してください。

　録画してフィードバック時に見せるとより効果的です。

【11日目（約1時間）】

●フィードバック

　アンケートの取り方、原稿のまとめ、発表の仕方について、よかった点、改善したい点を学習者に考えさせます。教師は重要なポイントをまとめます。

目 次

本書を使う際に役立つ資料（ワークシートなど）が、当社ホームページにあります。
https://www.3anet.co.jp/np/books/4910/

凡　例

N	名詞	机、本
Na	な形容詞（普通形）	元気だ、元気じゃない 元気だった、元気じゃなかった
Na- 　Na-な 　Na-で	な形容詞（語幹） な形容詞（名詞修飾形） な形容詞（て形）	元気 元気な 元気で
A	い形容詞（普通形）	新しい、新しくない、 新しかった、新しくなかった
A- 　A-くない 　A-くて	い形容詞（語幹） い形容詞（否定形） い形容詞（て形）	新し 新しくない 新しくて
V	動詞（普通形）	読む、読まない、 読んだ、読まなかった
V- 　V-る 　V-ない 　V-た 　V-て 　V-Ⅰ 　V-Ⅱ 　V-Ⅲ	動詞（ます形） 動詞（辞書形） 動詞（ない形） 動詞（た形） 動詞（て形） 動詞（Ⅰグループ） 動詞（Ⅱグループ） 動詞（Ⅲグループ）	読み、食べ 読む、食べる 読まない、食べない 読んだ、読まなかった、 食べた、食べなかった 読んで、食べて 読む、書く、飲む 食べる、見る、ねる する、来る、勉強する
Adv.	副詞	たいへん、すぐ
Conj.	接続詞	しかし、それで
P	助詞	で、に
Suffix	接尾辞	～本、～枚
S	文、節（普通形）	
exp.	表現	

旅行

1

I. はじめに

●話し合ってみましょう　　　　　（下のことばを参考にしてください）

◇今までにした旅行の中で、一番印象的なのはどんな旅行でした
か。

・いつ、どこへ行きましたか。

・何が面白かったですか。

◇次はどんな旅行がしたいですか。

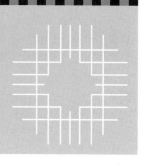

〈観光する〉

観光地　　温泉　　自然　　お土産　　名所

思い出　　景色　　入場料　　パックツアー

歴史的（な）　　伝統的（な）　　独特（な）

〈旅行する〉

往復　　片道　　日帰り　　2泊3日

時刻表　　旅費　　レンタカー

計画する　　予約する　　泊まる

出発する　　到着する　　乗り換える

II. 情報 1：グラフ

グラフからどんなことがわかりますか。説明して話し合いましょう。
☞ p.87「グラフの読み方」

A 行ってみたい旅行タイプ

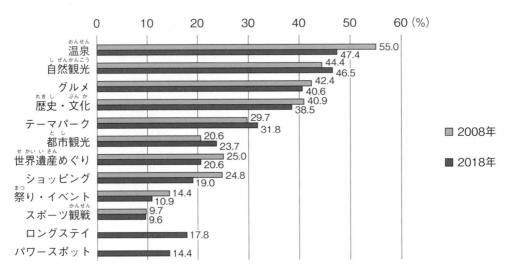

対象者：18〜79歳の男女1,313人（複数回答）
公益財団法人日本交通公社「旅行年報2018」（一部抜粋）に基づく
※「ロングステイ」「パワースポット」は2008年のデータなし

B 日本人海外旅行者の訪問国

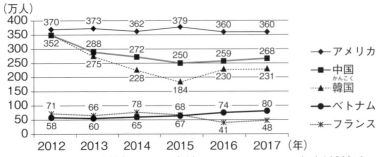

国連世界観光機関（UNWTO）、日本政府観光局（JNTO）資料を基に
スリーエーネットワークが作成

C 訪日外国人旅行者の国別割合

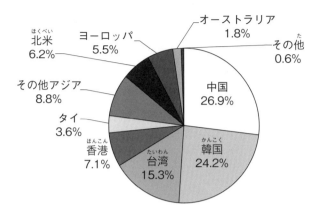

日本政府観光局（JNTO）「2018年　訪日外客数（総数）」2019年に基づく

D 訪日外国人旅行者の目的

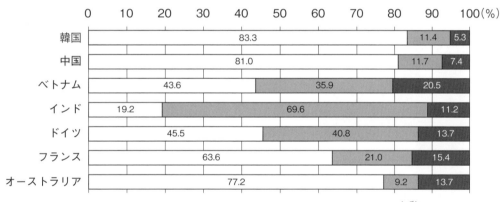

観光庁「訪日外国人消費動向調査」2018年に基づく

III. 情報 2：読み物

- 「旅先から」
- 「旅先から」を読んで
- 表現
- ことば

● 「旅先から」1

あと一か月、日本にいるあいだにいろいろなことをしたいと思います。

また、お手紙を書きます。先生も、どうぞお体を大切になさってください。

草々

二月十四日

トム・リー

セツコ・ブラウン先生

20

6

前略

ごぶさたしておりますが　お元気でしょうか。

日本へ来てもうすぐ二か月になります。こちらの生活にもすっかり慣れました。寮での生活はとても楽しいです。日本人だけでなく、いろいろな国の人と友達になれました。

先週からホームステイが始まりました。田中さんというお宅です。お父さん、お母さん、大学生の息子さん、高校生の娘さんの四人家族です。先週末、みんなで箱根へ一泊旅行に行きました。近くで富士山を見たのは初めてでした。とても大きくて見ていると心がゆったりしてきました。

それから、生まれて初めて露天風呂に入りました。雪が降っていて寒かったので、外でお風呂に入るとは思いませんでした。知らない人たちと一緒に外でお風呂に入るのは、ちょっと恥ずかしかったです。お風呂の中でも、温泉は温かくて、とても気持ちがよかったです。地元の人たちと話しているうちに、体も心もポカポカしてきました。こういうのを「はだかのつきあい」っていうのですね。

15　　　　　　　10　　　　　　　5　　　　　　　1

〈手紙〉

(1) 本文の内容と合っているものに○を、違っているものに×を
  書いてください。

1.（　　　）トムさんは２か月ホームステイをしている。

2.（　　　）トムさんはこの日まで富士山を見たことがなかった。

3.（　　　）寒いときには露天風呂に入らないと、トムさんは思っ
  ていた。

4.（　　　）地元の人たちと話して、温かい気持ちになった。

5.（　　　）「はだかのつきあい」というのは、露天風呂に入ること
  だ。

6.（　　　）今回トムさんは３か月日本にいる予定だ。

(2) 次の質問に答えてください。

1. 寮の生活でどんなことがよかったですか。

2. トムさんは富士山を見て、どんな気持ちになりましたか。

POST CARD

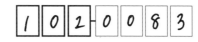

1 0 2 - 0 0 8 3

63

東京都 千代田区 麹町 3-4
トラスティ 麹町 ビル 2F

山口 かおる 様

お元気 ですか。
わたしは 今、沖縄でリフレッシュしています。
青い空、エメラルド色の海、そして白い砂浜。
沖縄では 木も花も のびのびしていて 生命力が
あふれています。食べ物もめずらしいものが多くて、
特に豚肉料理は最高です。ここが とても
気に入りました。明日「ひめゆりの塔」へ行って
お参りします。沖縄に来ましたから。
「星の砂」をおみやげに持って帰ります。
楽しみにしていてください。では また。
　　11月13日　　　沖縄にて　　　のり子

● 「旅先から」2を読んで

〈はがき〉

本文の内容と合っているものに○を、違っているものに×を書いて
ください。

1.（　　）のり子さんは、今、仕事で沖縄に来ている。

2.（　　）沖縄の海はきれいだ。

3.（　　）沖縄の木や花は元気がある。

4.（　　）沖縄では豚肉料理はめずらしくて一番高い。

5.（　　）のり子さんは沖縄が大好きになった。

☞ p.89「手紙の書き方」を見て、手紙やはがきを書いてみましょう。

1. ～て～になる

1) 日本語の勉強を始めて、今年で5年になる。

2) 高校を卒業して、来年で3年になる。

3) 坂本さんは結婚して10年になるそうだ。

4) 東京へ引っ越してきてほぼ5年になるが、ディズニーランドにはまだ行っていない。

5) ＿＿＿＿＿＿＿＿＿て、＿＿＿＿＿＿＿＿＿になる。

●日本へ来てもうすぐ2か月になります。

解説 【V- て】period of time/ 期間 / 기간 / khoảng thời gian になる

⇒ it has been ～ since ～

～已经～了

～(아 / 어 / 해)서～이 / 가 되다

Đã ～ kể từ khi ～

2. ～だけでなく～（も）

1) 絵本は子供だけでなく大人も楽しむことができる。

2) とうふ料理はおいしいだけでなく、健康にもいい。

3) 日本では、ことばだけでなく文化も学んで帰ろうと思う。

4) リサーチをするときは、データだけでなく分析も重要だ。

5) 最近は女性だけでなく男性も＿＿＿＿＿＿＿＿＿＿＿＿。

6) ＿＿＿＿＿＿＿＿＿だけでなく＿＿＿＿＿＿＿＿＿＿。

●日本人だけでなく、いろいろな国の人と友達になれました。

解説 【N₁】だけでなく 【N₂】（も）……

⇒ not only ～ but also ～ ……

不仅～、～也……

～뿐만 아니라～도……

không chỉ ～ mà còn ～ ……

3．～という

1）ローマには「フォロ・ロマーノ」という遺跡があります。

2）テレビで「エイサー祭り」という沖縄の祭りを見た。

3）今日、佐藤さんという人から電話がありました。

4）『大地』という本を探しているんですが、こちらにありますか。

5）＿＿＿＿＿＿＿＿＿　という　＿＿＿＿＿＿＿＿＿＿＿＿＿。

●田中さんというお宅です。

解説　【N₁】（proper noun / 特定的名词 / 특정의 명사 / danh từ riêng）という【N₂】（common noun / 一般的名词 / 일반의 명사 / danh từ chung）

⇒～ called ～/ 叫～的～/

～（이）라는～/ được gọi là ～ ; có tên là ～

4．～のは初めてだ

1）歌舞伎を見るのは初めてです。

2）ヒッチハイクをしながら旅行をしたのは初めてだった。

3）ホームステイをするのは初めてなので、ちょっと心配です。

4）たくさんの人の前でスピーチをするのは初めてだったので、
どきどきしました。

5）＿＿＿＿＿＿＿＿＿＿＿＿＿＿＿＿のは初めてだ。

●近くで富士山を見たのは初めてでした。

解説　【V-る /V-た】のは初めてだ

⇒ it is the first time to ～/～是第一次 /

～것은 처음이다 / lần đầu tiên (làm) ～

5．～ているうちに～てきた

1）本を読んでいるうちに眠くなってきた。

2）この仕事は、はじめは大変だと思ったが、やっているうちに
面白くなってきた。

3）音楽を聴いているうちに踊りたくなってきた。

４）いろいろな国の人と一緒に生活<u>している</u>うちに、考え方が
　　一つではないことがわかっ<u>てきた</u>。

５）友達の話を聞いているうちに＿＿＿＿＿＿＿＿＿＿＿＿＿。

６）＿＿＿＿＿＿＿＿ているうちに＿＿＿＿＿＿＿＿＿＿＿＿。

●お風呂の中で地元の人たちと話しているうちに、体も心もポ
　カポカしてきました。

解説　【V₁-て】いるうちに【V₂-て】きた

⇒ while ～, ～ (A change that the speaker gradually noticed or a change that has already happend, indicated by 【V₂】, is observed while doing 【V₁】.)

～着的时候，就～（用于在【V₁】进行的过程中，说话者对渐渐发生的变化、已发生的变化【V₂】有所感觉时。）

～고있는 동안에 ～됐다 (화자가 【V₁】을 하고 있는 동안에 서서히 일어나는 변화와 이미 일어난 변화 【V₂】를 알아차렸을 때 사용 한다.)

trong lúc ～ dần trở nên ～ (dùng khi người nói nhận thấy một sự thay đổi đã hoặc đang dần diễn ra (thể hiện ở 【V₂】) trong quá trình thực hiện 【V₁】)

6．～あいだに

１）今年は夏休みの<u>あいだに</u>一度帰国するつもりです。

２）外出している<u>あいだに</u>荷物が届いていた。

３）入院している<u>あいだに</u>、読みたいと思っていた本を全部読
　　んだ。

４）日本にいるあいだに＿＿＿＿＿＿＿＿＿＿＿＿＿＿＿＿。

５）＿＿＿＿＿＿＿＿＿あいだに＿＿＿＿＿＿＿＿＿＿＿。

●日本にいるあいだにいろいろなことをしたいと思います。

解説　【Nの/V₁-（てい）る】あいだに【V₂】(one time action or happening / 进行的某一行为、或发生的某一件事情/1回の動作や偶然の 일 / hành động hoặc sự việc xảy ra một lần)

⇒ while ～, ～

在～期间，～

～동안에 / 사이에 ～

trong lúc ～，～

前略	ぜんりゃく(N)	(opening word of a letter)	전략
ごぶさたする	ごぶさたする(V-Ⅲ)	neglect to write or call	격조하다
*すっかり	すっかり(Adv.)	completely, totally	완전히
*寮	りょう(N)	dormitory	기숙사
*お宅	おたく(N)	someone else's house	댁
*息子さん	むすこさん(N)	someone else's son	아드님
*娘さん	むすめさん(N)	someone else's daughter	따님
*〜末	〜まつ(Suffix)	end of 〜	〜 말
箱根	はこね(N)	Hakone (place name)	하코네(지명)
*〜泊	〜はく/ぱく(Suffix)	overnight stay (counter)	〜박
*心	こころ(N)	heart, mind	마음
*ゆったりする	ゆったりする(V-Ⅲ)	feel easy, relax	느긋해지다
露天風呂	ろてんぶろ(N)	open-air bath	노천탕
*恥ずかしい	はずかしい(A)	embarrassed	부끄럽다
温泉	おんせん(N)	hot spring	온천
地元	じもと(N)	local place	그 고장, 그 지역
ポカポカする	ポカポカする(V-Ⅲ)	feel warm	따뜻하다
はだか	はだか(N)	naked body	나체/알몸
*つきあい	つきあい(N)	association, friendship	사귐
草々	そうそう(N)	(closing word of a letter)	총총/그럼 이만
沖縄	おきなわ(N)	Okinawa (place name)	오키나와(지명)
*リフレッシュする	リフレッシュする(V-Ⅲ)	refresh oneself	원기를 회복하다
エメラルド	エメラルド(N)	emerald	에메랄드
砂浜	すなはま(N)	beach	비치/모래사장
*のびのびする	のびのびする(V-Ⅲ)	grow freely and vividly	자유롭다/생생하다
生命力	せいめいりょく(N)	life force, survival power	생명력
あふれる	あふれる(V-Ⅱ)	overflow, flood	넘쳐나다
*めずらしい	めずらしい(A)	rare, uncommon, curious	신기하다/낯설다
*気に入る	きにいる(V-Ⅰ)	like	마음에 들다
ひめゆりの塔	ひめゆりのとう(N)	Himeyuri monument	히메유리탑
お参りする	おまいりする(V-Ⅲ)	visit a shrine, temple or graveyard	참배하다
星の砂	ほしのすな(N)	star-shaped sand	별 모양의 모래
*楽しみにする	たのしみにする(V-Ⅲ)	be looking forward to 〜	기대하다
〜にて	〜にて(P)	in	〜에서

前略	ぜんりゃく(N)	前略(书信用语)	(từ ghi ở đầu thư)
ごぶさたする	ごぶさたする(V-Ⅲ)	久未通信	đã lâu không liên lạc
*すっかり	すっかり(Adv.)	完全	hoàn toàn
*寮	りょう(N)	宿舍	ký túc xá
*お宅	おたく(N)	贵府、家(别人的家)	nhà (của người khác)
*息子さん	むすこさん(N)	儿子(别人家的儿子)	con trai (của người khác)
*娘さん	むすめさん(N)	女儿(别人家的女儿)	con gái (của người khác)
*〜末	〜まつ(Suffix)	〜末	cuối 〜
箱根	はこね(N)	箱根(地名)	Hakone (địa danh)
*〜泊	〜はく／ぱく(Suffix)	住〜夜	nghỉ lại 〜 đêm
*心	こころ(N)	心里	tâm hồn, lòng
*ゆったりする	ゆったりする(V-Ⅲ)	舒畅	thư thái
露天風呂	ろてんぶろ(N)	露天浴池	bồn tắm ngoài trời
*恥ずかしい	はずかしい(A)	害羞、不好意思	ngượng, mắc cỡ
温泉	おんせん(N)	温泉	suối nước nóng
地元	じもと(N)	当地	bản địa
ポカポカする	ポカポカする(V-Ⅲ)	热乎乎	thấy ấm áp
はだか	はだか(N)	裸体	khỏa thân
*つきあい	つきあい(N)	交往	mối quan hệ, sự kết giao
草々	そうそう(N)	草草(书信用语)	(từ ghi ở cuối thư)
沖縄	おきなわ(N)	冲绳(地名)	Okinawa (địa danh)
*リフレッシュする	リフレッシュする(V-Ⅲ)	恢复精神	làm mới
エメラルド	エメラルド(N)	绿宝石	ngọc bích
砂浜	すなはま(N)	海滨沙滩	bãi cát
*のびのびする	のびのびする(V-Ⅲ)	悠然自得	tự do tự tại
生命力	せいめいりょく(N)	生命力	sinh lực
あふれる	あふれる(V-Ⅱ)	充满	tràn đầy
*めずらしい	めずらしい(A)	珍奇、少有	hiếm có
*気に入る	きにいる(V-Ⅰ)	称心、喜欢	yêu thích
ひめゆりの塔	ひめゆりのとう(N)	山丹塔	đài tưởng niệm Himeyuri
お参りする	おまいりする(V-Ⅲ)	参拜	viếng
星の砂	ほしのすな(N)	星砂	cát hình sao
*楽しみにする	たのしみにする(V-Ⅲ)	愉快地期待着〜	mong đợi
〜にて	〜にて(P)	于〜	ở 〜, tại 〜

Ⅳ. 発表：自分の経験をまとめる

写真や地図や絵を使って旅行の思い出を伝えましょう。

・いつ／どこへ
・印象的なできごと／景色など
・学んだこと／考えたこと

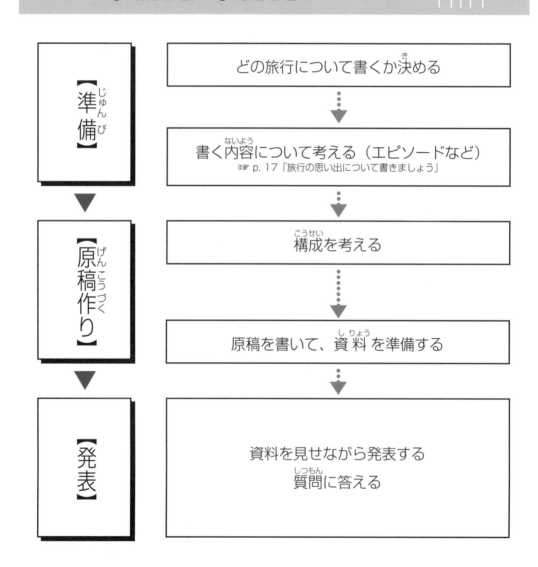

【準備】

どの旅行について書くか決める

書く内容について考える（エピソードなど）
☞ p.17「旅行の思い出について書きましょう」

【原稿作り】

構成を考える

原稿を書いて、資料を準備する

【発表】

資料を見せながら発表する
質問に答える

16

●旅行の思い出について書きましょう

名前＿＿＿＿＿＿＿＿＿＿＿＿＿＿

1. いつ、どこへ行きましたか。だれと一緒に行きましたか。どうしてそこを選びましたか。

```



```

2. どうやってそこへ行きましたか。そこに着いて、何を見ましたか。何をしましたか。そこはどんな所ですか。どんなものがありましたか。どんな人々がいましたか。

```



```

3. どんなことが印象的でしたか。その旅行で学んだことや考えたことがありますか。

```



```

4. 構成を考えましょう。

```



```

5. 発表するときどんな資料を使いますか。

```



```

2

いつ、
どこで買う？

I. はじめに

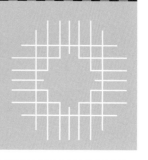

●話し合ってみましょう　　（下のことばを参考にしてください）

◇いつ、どこで買い物をしますか。

　・食べ物、服、雑誌など。

◇インターネットで買い物をしますか。

◇コンビニへよく行きますか。何を買いますか。

〈店の種類〉

スーパー　　　デパート

コンビニ　　　専門店

リサイクルショップ

ネットショップ

〈コンビニのサービス〉

予約販売　　　支払いサービス

コピー　　　宅配便

〈売る・買う〉

現金　　　クレジットカード

インターネット　　　通信販売

自動販売機　　　電子マネー

II. 情報 1 : グラフ

グラフからどんなことがわかりますか。説明して話し合いましょう。
☞ p.87「グラフの読み方」

A ふだん買い物をする店

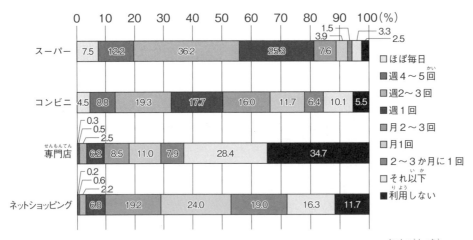

凡例:
- □ ほぼ毎日
- ■ 週4〜5回
- ■ 週2〜3回
- ■ 週1回
- ■ 月2〜3回
- □ 月1回
- ■ 2〜3か月に1回
- □ それ以下
- ■ 利用しない

対象者数：3,498人
インターワイヤード調べ「ネットスーパーに関するアンケート」2018年に基づく

B 1年間で利用したコンビニのサービス

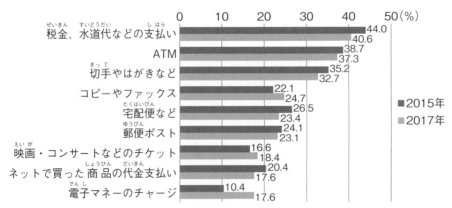

- ■ 2015年
- ■ 2017年

対象者数：10,921人
マイボイスコム株式会社調べ「【コンビニサービス】に関するアンケート調査
（第5回）」2017年に基づく

C 店とネットの利用状 況

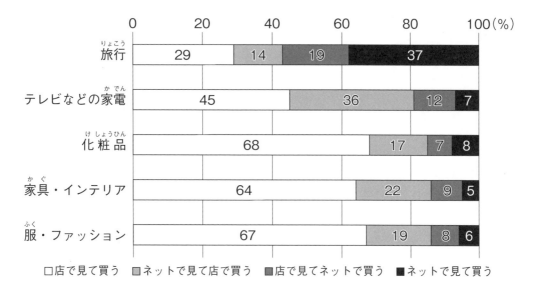

□店で見て買う ■ネットで見て店で買う ■店で見てネットで買う ■ネットで見て買う

対 象 者：15〜79 歳の男女 10,065 人
野村総合研 究 所「生活者 1 万人アンケート 調 査」2018 年を基に
スリーエーネットワークが作成

D レンタルやリースの利用について

A：レンタルやリースでも気にしない
B：買って自分のものにしたい

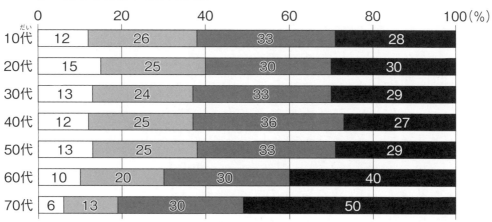

□Aに近い ■どちらかといえばA ■どちらかといえばB ■Bに近い

対象者：15〜79 歳の男女 10,065 人
野村総合研究所「生活者 1 万人アンケート 調査」2018 年を基に
スリーエーネットワークが作成

III. 情報2：読み物

● 「コンビニ」
● 「コンビニ」を読んで
●表現
●ことば

● 「コンビニ」

　コンビニのない生活が考えられるだろうか。お弁当を買いに行ったり、電気代を支払ったり、コンビニはいろいろなことをするのに非常に便利な場所である。今、毎日の生活にコンビニは欠かせない。

　コンビニは70年代に日本で初めて作られた。わたしたちの家の近所にあり、24時間営業でいつでも開いている。POSシステムという商品管理によって、よく売れるいろいろな種類の商品が並べられている。だから、いつでも欲しいときに欲しいものが手に入れられる。このような便利な点が多くの人に受け入れられ、店の数も増えた。

　コンビニが全国に広まって、人々のライフスタイルに大きな影響を与えた。特に一人暮らしの人は、おにぎりやおかずなど、すぐ食べられるものが、いつ行ってもあるので、自分で食事を作らなくなった。時間に関係なく、必要なときに買って食べられるからだ。自宅の台所に包丁がない、冷蔵庫を置かない、という人もいるそうだ。

　また、コンビニではつぎつぎに新しい商品やサービスを出すので、1年間に商品の種類の70%が変わる。新しいものを探している若者はいいと思った新製品を買うので、それが大きな流行を生むこともある。若者の流行とコンビニは関係があると言われている。

　最近は、各地に店の数が増えて、競争が激しくなったために、新しいサービスや新しい形の店が出てきている。たとえば、宿泊の予約をしたり、コンサートや映画、スポーツなどのチケットを買うこと

5

10

15

20

ができる。そのほか、宅配便の受け取り、現金の引き出し、飲食店のような配達など、サービスの内容は広がっている。さらに、近所に店がなくて買い物に困っている高齢者のために、小型トラックに商品を積んで移動販売をしている例もある。

　このように、コンビニは、わたしたちの生活を大きく変えている。　25
そして「買う」ことが生活に必要なものを手に入れるだけではなくなった。生活を簡単にするためのサービスも買っているのだ。コンビニを利用する中で、「便利」の意味や、生活の質が変わっ<u>ていく</u>のだろう。

● 「コンビニ」を読んで

(1)　本文の内容と合っているものに○を、違っているものに×を
　　　書いてください。

1.（　　）日本にコンビニができてから70年になる。

2.（　　）POSシステムで商品の注文ができる。

3.（　　）若い人がコンビニで買ったために流行になったものが
　　　　　　ある。

4.（　　）たくさんのお客さんが店に頼んだので、新しいサービ
　　　　　　スが増えた。

5.（　　）お弁当など注文したものを、家まで持ってきてくれる
　　　　　　コンビニがある。

6.（　　）コンビニは宅配便や引っ越しの申し込みの仕事もしている。

7.（　　）便利なコンビニでの買い物はわたしたちの生活を変え
　　　　　　ている。

(2)　次の質問に答えてください。

1.「このような便利な点」（8行目）とは、どんなことですか。
　　　三つ書いてください。

2.「人々のライフスタイルに大きな影響を与えた」（9行目）とあ
　　りますが、コンビニは人々の生活にどんな影響を与えましたか。

3.コンビニにはどんな新しいサービスや新しい形の店があります
　　か。

1. ～のに〈目的〉

1）このアプリは、電車の時間を調べるのに便利です。

2）この部屋は学生が話をしたりテレビを見たりするのに使います。

3）東京で生活するのに1か月いくらぐらい必要ですか。

4）このアパートは3人で生活するのにちょうどいい。

5）この辞書は＿＿＿＿＿＿＿＿＿＿＿＿＿＿＿のに役に立つ。

6）＿＿＿＿＿＿＿＿＿＿＿＿＿＿のに＿＿＿＿＿＿＿＿＿＿。

●コンビニはいろいろなことをするのに非常に便利な場所である。

解説 【V-る】のに……

⇒……for ～ / ……为～ /

　～애 있어…… / …… cho việc ～

注：「……」によく使われることばは、「使う、（お金／時間が）かかる、役に立つ、必要だ」etc.

2. ～に関係なく

1）水泳は、年に関係なく楽しむことができる。

2）性別に関係なく、仕事のできる人をとりたいと思います。

3）このインターネットプランは、通信量に関係なく1か月3000円です。

4）消費税は生活レベルに関係なく、だれでも10％払わなければならない。

5）この店は、曜日に関係なくいつも＿＿＿＿＿＿＿＿＿＿＿。

●時間に関係なく、必要なときに買って食べられるからだ。

解説 【N】に関係なく……

⇒ regardless of ～, …… / 不论（不拘、不管）～, …… /

　～에 관계없이 ～ …… / …… bất kể ～

3. ～ために〈原因・理由〉

1) 事故のために、電車が1時間遅れた。
2) 車の数が多いために、東京の道路はいつも込んでいる。
3) 住所を間違えたために、荷物は届かなかった。
4) 円が急に高くなったために、海外旅行に行く人が増えた。
5) かぜをひいたために、＿＿＿＿＿＿＿＿＿＿＿＿＿＿＿＿＿＿＿＿。
6) ＿＿＿＿＿＿＿＿＿＿＿＿＿ために、＿＿＿＿＿＿＿＿＿＿＿＿。
● 競争が激しくなったために、新しいサービスや新しい形の店が出てきている。

> 解説 【S₁】(cause, reason／原因、理由／원인, 이유／nguyên nhân, lý do) ために 【S₂】(result／結果／결과／kết quả)
>
> ⇒ because (of) ～, ～／因为～、所以～／
> ～때문에 ～／Do ～ nên ～
>
> 注：【S₁】(N だ→N の　Na- だ→Na- な)

4. ～てくる

1) A：夜になって、急に寒くなってきましたね。
   B：そうですね。セーターを着たほうがいいですね。
2) 子供の数がだんだん少なくなってきました。
3) ネットでニュースを見る人が増えてきた。
4) お菓子をよく食べるので太ってきた。
5) この町は、だんだん＿＿＿＿＿＿＿＿＿＿＿＿＿てきた。
6) ＿＿＿＿＿＿＿＿＿＿＿＿＿＿＿＿＿＿＿＿＿てきた。
●競争が激しくなったために、新しいサービスや新しい形の店が出てきている。

解説 【V-て】 くる

⇒ has become 〜; it has started to 〜 (For 【V】, verbs indicating a change are used.)
〜起来（【V】使用表示变化的动词。）
〜되다（【V】는 변화를 나타내는 동사를 사용한다.）
đã trở nên 〜 ; dần 〜 (【V】là động từ thể hiện sự thay đổi.)

5. 〜ていく

1）冬も終わりです。これからどんどん暖かくなっていきます。

2）インターネットのトラブルはこれからも増えていくだろう。

3）ことばの使い方は少しずつ変わってきた。これからも変わっていくだろう。

●コンビニを利用する中で、「便利」の意味や、生活の質が変わっていくのだろう。

解説 【V-て】 いく

⇒ be going to 〜 in the future; be continuing to 〜 in the future (For 【V】, verbs indicating a change are used.)
（将不断地）〜起来（【V】使用表示变化的动词。）
〜가다（【V】는 변화를 나타내는 동사를 사용한다.）
sẽ trở nên 〜 (【V】là động từ thể hiện sự thay đổi.)

●ことば

*生活	せいかつ(N)	life	생활
お弁当	おべんとう(N)	box lunch	도시락
～代	～だい(Suffix)	～ bill, ～ charge	～대/～료
支払う	しはらう(V-I)	pay	지불하다
欠かせない	かかせない(exp.)	indispensable	없어서는 안되다
70年代	ななじゅうねんだい(N)	1970's	70년대
営業	えいぎょう(N)	business, being open	영업
POSシステム	ポスシステム(N)	Point Of Sales system	POS 시스템
商品	しょうひん(N)	goods, merchandise, commodity	상품
管理	かんり(N)	control, management	관리
*手に入れる	てにいれる(exp.)	obtain, get	손에 넣다/구입하다
受け入れる	うけいれる(V-Ⅱ)	accept	받아들이다
*増える	ふえる(V-Ⅱ)	increase	늘다/증가하다
*全国	ぜんこく(N)	the whole country	전국
広まる	ひろまる(V-I)	spread	퍼지다
ライフスタイル	ライフスタイル(N)	life style	라이프 스타일
*影響	えいきょう(N)	influence	영향
*与える	あたえる(V-Ⅱ)	exert (influence)	끼치다
一人暮らし	ひとりぐらし(N)	living alone	혼자 생활
おにぎり	おにぎり(N)	rice ball	주먹밥/삼각김밥
おかず	おかず(N)	dish other than rice	반찬
*必要(な)	ひつよう(な)(Na)	necessary	필요하다
自宅	じたく(N)	one's own house	자택
包丁	ほうちょう(N)	cooking knife	식칼
*種類	しゅるい(N)	kind, sort	종류
若者	わかもの(N)	young people	젊은 사람
製品	せいひん(N)	product	제품
*流行	りゅうこう(N)	fashion, trend	유행
生む	うむ(V-I)	creat	낳다
各地	かくち(N)	every place	각지
競争	きょうそう(N)	competition	경쟁
*激しい	はげしい(A)	intense	심하다
宿泊	しゅくはく(N)	accommodation	숙박
*予約	よやく(N)	reservation	예약

宅配便	た⌐くはいびん(N)	home delivery service	택배
*現金	げ⌐ん⌐きん(N)	cash	현금
引き出し	ひ⌐きだし(N)	withdrawal (of money from a bank)	인출
飲食店	い⌐んしょく⌐てん(N)	restaurant	음식점
配達	は⌐いたつ(N)	delivery	배달
*内容	な⌐いよう(N)	contents, details	내용
広がる	ひ⌐ろがる(V-Ⅰ)	expand	확대되다
さらに	さ⌐らに(Adv.)	furthermore	게다가
高齢者	こ⌐うれ⌐いしゃ(N)	aged person, the elderly	고령자
*利用する	り⌐ようする(V-Ⅲ)	use	이용하다
質	し⌐つ(N)	quality	질

*生活	せ￣いかつ(N)	生活	cuộc sống
お弁当	お￣べんとう(N)	盒饭	cơm hộp
〜代	〜だい(Suffix)	〜费	tiền 〜
支払う	し￣はら￣う(V-I)	付款	chi trả
欠かせない	か￣かせない(exp.)	必不可少	không thể thiếu
70年代	な￣なじゅうね￣んだい(N)	70年代	thập niên 70
営業	え￣いぎょう(N)	营业	kinh doanh
POSシステム	ポ￣スシ￣ステム(N)	ＰＯＳ系统	hệ thống POS (điểm bán hàng)
商品	し￣ょうひん(N)	商品	hàng hóa
管理	か￣んり(N)	管理	quản lý
*手に入れる	て￣にいれる(exp.)	到手	lấy được, có được
受け入れる	う￣けいれ￣る(V-II)	采纳、接受	chấp nhận
*増える	ふ￣え￣る(V-II)	增加	gia tăng
*全国	ぜ￣んこく(N)	全国	toàn quốc
広まる	ひ￣ろま￣る(V-I)	扩展	lan rộng
ライフスタイル	ラ￣イフスタ￣イル(N)	生活方式	lối sống
*影響	え￣いきょう(N)	影响	ảnh hưởng
*与える	あ￣たえる(V-II)	给予	cho
一人暮らし	ひ￣とりぐ￣らし(N)	单身生活	cuộc sống độc thân
おにぎり	お￣に￣ぎり(N)	饭团	cơm nắm
おかず	お￣かず(N)	菜	thức ăn (không phải cơm)
*必要(な)	ひ￣つよう(な)(Na)	需要	cần thiết
自宅	じ￣たく(N)	自己的家	nhà của mình
包丁	ほ￣うちょう(N)	菜刀	dao làm bếp
*種類	し￣ゅ￣るい(N)	种类	chủng loại
若者	わ￣かもの(N)	年轻人	người trẻ tuổi
製品	せ￣いひん(N)	产品	sản phẩm
*流行	りゅ￣うこう(N)	流行	mốt, xu hướng
生む	う￣む(V-I)	产生	sinh ra
各地	か￣くち(N)	各地	các nơi
競争	きょ￣うそう(N)	竞争	sự cạnh tranh
*激しい	は￣げし￣い(A)	激烈	khốc liệt
宿泊	しゅ￣くはく(N)	住宿	chỗ nghỉ
*予約	よ￣やく(N)	预订	đặt trước

宅配便	た̅くはいびん(N)	(代客发送货物上门的服务)	dịch vụ giao hàng tận nhà
*現金	げ̅ん̅き̅ん(N)	现款	tiền mặt
引き出し	ひ̅きだし(N)	提取(存款)	rút ra
飲食店	い̅んしょく̅てん(N)	饭馆	cửa hàng ăn uống
配達	は̅いたつ(N)	发送	giao hàng
*内容	な̅いよう(N)	内容	nội dung
広がる	ひ̅ろがる(V-I)	扩大	mở rộng
さらに	さ̅らに(Adv.)	更	hơn nữa, thậm chí
高齢者	こ̅うれ̅いしゃ(N)	高龄者	người cao tuổi
*利用する	り̅ようする(V-III)	利用	sử dụng
質	し̅つ(N)	质量	chất lượng

IV. 調査発表：アンケート

アンケートをしましょう。

・日本人学生、留学生、そのほかの人に聞く

「どんな店でどんなものを買うか」など

コンビニ、自動販売機、通信販売、インターネットなど

・コンビニで働いている人に聞く

「いつが一番忙しいか」など

【アンケート】

アンケートのテーマを決める ☞ p. 91「アンケート調査計画」

アンケートシートを作る

・知りたいことをはっきりさせて質問を作る

・どんな答えがあるか予想する

・質問の順番を考える

・アンケートシートを作ってコピーする
☞ p. 92「アンケートシートの例」

アンケートをする　　☞ p. 94「アンケートのしかた」

【原稿作り】

アンケートを集計する

まとめる

・アンケートの答えを読んで、比較や分析をする

・原稿を書く

・グラフや表を作る
☞ p. 95「アンケートのまとめ方の例」 p. 97「意見を言うとき／発表するときの表現」

【発表】

発表する

質問に答える

③ 祭り

I. はじめに

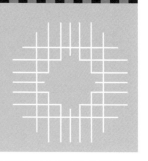

●話し合ってみましょう　　　　（下のことばを参考にしてください）

◇あなたが住んでいた所には、どんなお祭りがありましたか。

・そのお祭りはいつありますか。

・特別な服や料理、音楽がありますか。

・どんなことをしますか。（歌、踊りなど）

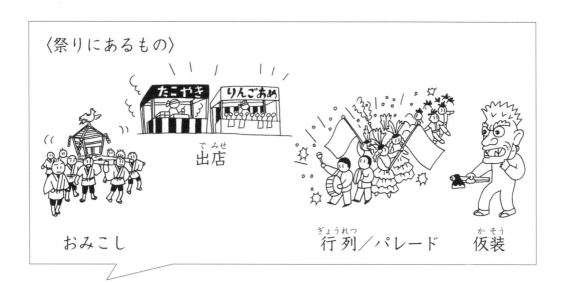

〈祭りにあるもの〉

たこやき　りんごあめ

おみこし　　　出店　　　　　　　行列／パレード　　仮装

〈祭りの意味〉

宗教的（な）　　〜を祈る　　〜を祝う

〜を記念する　　〜に感謝する

II. 情報 1：読み物

- ●「祇園祭」
- ●「祇園祭」を読んで
- ●表現
- ●ことば

●「祇園祭」

　京都は日本の都として、長いあいだ歴史の中心でした。日本の伝統のよいものや美しいものを数多く今日に伝えています。現代の日本人にとっては文化のふるさとだと言えるでしょう。

　京都には昔から伝えられてきた伝統的な祭りがたくさんあります。そのなかでも八坂神社の「祇園祭」は京都を代表する祭りです。　　　5

　祇園祭は、869年に始まりましたが、この年は京都に住む人々にとってたいへんな年でした。夏に伝染病が流行し、たくさんの人々が死んだのです。当時の人々は、伝染病がはやるのは、病気で死んだ人や動物が悪い神になって人々を苦しめるからだと考えていました。また、京都は政治の中心地であり、いつも権力のあらそいがあ　　10
りました。権力のあらそいや戦争に負けて死んだ人のたましいも、生きている人々に悪いことをすると思われ、体や心の病気の原因と考えられたのです。このような社会不安がなくなるように、八坂神社の祇園祭が始められました。

　一般的に、神社で行われる春や秋の祭りは、米や魚などの収穫を　　15
祈ったり、感謝したりする「よろこび」の祭りです。このような祭りは農村や漁村で始められました。しかし、祇園祭は京都という、当時日本最大の都会の人々によって始められた夏の祭りです。この祭りは「よろこび」の祭りではなく、「おそれ」から生まれた祭りです。

　祇園祭は形という点でも新しい祭りでした。第一に、山車という　　20

車のついた屋台を作り、神さまのシンボルをかざり、人も大ぜいのってひいたことです。それまでの祭りでは、人が祭りの道具を手に持ったり肩にのせたりして歩いていました。それで、祭りの規模がずっと大きくなりました。第二に、「祇園ばやし」という独特な音楽を使ったことです。ふえやかね、たいこを使い、場面によって違うリズムやメロディーを演奏しました。 25

　京都の人々は、不安な気持ちを、美しくすばらしい祭りの形にしました。八坂神社の祇園祭は「おそれ」から生まれた夏祭りの始まりだと言われています。そして祇園祭の形は日本各地の祭りに大きな影響を与えました。 30

(芳賀日出男「夏を楽しむ祭り」『祭りと生活第2巻』小峰書店　1979年に基づく)

● 「祇園祭」を読んで

(1) 本文の内容と合っているものに○を、違っているものに×を
書いてください。

1．（　　）祇園祭は、京都の伝統的な祭りだ。

2．（　　）869年に祭りで使われた動物が伝染病になった。

3．（　　）病気で死んだ人や、あらそいに負けて死んだ人が悪い
ことをすると人々は考えていた。

4．（　　）京都の人々は、戦争をやめるために祭りを行った。

5．（　　）夏の祭りは一般的に「よろこび」の祭りだった。

6．（　　）山車は祇園祭で初めて使われた。

7．（　　）今の日本全国のいろいろな祭りには、祇園祭と似てい
るところがある。

8．（　　）日本各地の農村や漁村の祭りから、祇園祭の形が作ら
れた。

(2) 次の質問に答えてください。

1．祇園祭が始まったころ、伝染病がはやる原因は何だと考えられ
ていましたか。

2．日本の祭りを大きく二つに分けて説明していますが、それぞれ
どのような祭りですか。

3．祇園祭から始まった祭りの新しい形を二つ書いてください。

● 表現

1. ～として

1) フランスのボルドーはワインの産地として有名だ。
2) 箱根は温泉町として歴史が古い。
3) 秋山さんは定年のあと、大学を受験し、今、60歳の大学生として学んでいる。
4) 友達の小野さんは、サッカーの日本代表として選ばれた。
5) 中田さんは＿＿＿＿＿＿＿＿＿＿＿＿としても、父親としてもすばらしい。

● 京都は日本の都として、長いあいだ歴史の中心でした。

解説　【N】(status, role, standpoint /身份、作用、资格/신분, 역할, 자격/ tình trạng, vai trò, tư cách) として……
　　　⇒ as ～ ……/ 为～……/ ～（으）로서…… / trong vai trò ～ …… ; với tư cách ～ ……

2. ～のは～からだ

1) 昨日、ビルさんがすぐ帰ったのは、国から両親が来たからだ。
2) 力が出ないのは、朝ご飯を食べなかったからだ。
3) 日本人の体型が変わってきたのは、食べ物が変わったからだろう。
4) 日本の建物によく木を使うのは、雨が多い日本の気候に合っているからだ。
5) このアパートが安いのは、＿＿＿＿＿＿＿＿＿＿＿からだ。
6) ＿＿＿＿＿＿＿＿＿のは、＿＿＿＿＿＿＿＿＿からだ。

● 伝染病がはやるのは、病気で死んだ人や動物が悪い神になって人々を苦しめるからだ。

解説　【S₁】のは【S₂】からだ
　　　⇒ it is because ～ that ～ /～是因为～/
　　　　～는 것은 ～ 때문이다 /～ là do ～
　　　注：【S₁】(N だ→ N な　Na- だ→ Na- な)

3. ～ように〈目的〉

1）忘れないようにメモをしておきましょう。

2）旅行をするとき、かぜをひかないように上着を持って行ってください。

3）飛行機からよく見えるように、ビルの上にランプがついている。

4）医者は子供にもよくわかるように、やさしく説明してくれた。

5）あとで困らないように、今＿＿＿＿＿＿＿＿＿＿＿＿＿＿。

6）＿＿＿＿＿＿＿＿＿＿ように＿＿＿＿＿＿＿＿＿＿＿。

●このような社会不安がなくなるように、八坂神社の祇園祭が始められました。

> 解説 【V₁-る／V₁-ない】(purpose／目的／목적／mục đích) ように 【V₂】
>
> ⇒～ so that ～／为了～，～／
> 　～ 도록 ～／～để cho ～
>
> 注：【V₁-る／V₁-ない】は自分でコントロールできないことを表す。

4. ～という点で

1）この学校は、国際化という点で、ほかの学校より進んでいる。

2）漢字は、音も意味も両方表すことができるという点で便利な文字である。

3）この車の新しいモデルは、省エネという点ではいいが、作るのにお金がかかるという点であまりよくない。

4）この映画は、歴史の新しい見方を示したという点で、注目されている。

●祇園祭は形という点でも新しい祭りでした。

> 解説 【N／S₁】 という点で 【S₂】
>
> ⇒～ in respect of ～／在～这一点上，～／
> 　～라는 점에서 ～／～ở chỗ ～

5．～によって

1）仕事の内容によって、いろいろなソフトが使われている。
2）同じ料理でも作る人によって味が違う。
3）電車は時間によって込み方が違う。
4）場面や相手によって話し方は変わる。
5）人によって＿＿＿＿＿＿＿＿＿＿＿＿はいろいろだ。
●場面によって違うリズムやメロディーを演奏しました。

解説　【N】によって……
⇒（it differs）depending on ～／因～而……／
～에 따라……／ tùy vào ～ mà ……

6．～と言われている

1）ここには 1000 年前、村があったと言われている。
2）たばこはガンの原因になると言われている。
3）赤ワインには体によいものが含まれていると言われている。
4）イルカは海の中で音を出し、人間のように会話をすると言われている。
5）＿＿＿＿＿＿＿＿＿＿＿＿＿＿＿＿と言われている。
●八坂神社の祇園祭は「おそれ」から生まれた夏祭りの始まりだと言われています。

解説　【S】と言われている
⇒ it is said that ～／据说～／
～라고 전해진다 / Người ta nói rằng ～

●ことば

「*」は、よく使うことばですから覚えましょう

祇園祭	ぎおんまつり(N)	Gion Festival	기온 축제
都	みやこ(N)	capital (historical)	수도
*中心	ちゅうしん(N)	center	중심
*伝統	でんとう(N)	tradition	전통
数多く	かずおおく(Adv.)	many, a lot of	많이
今日	こんにち(N)	nowadays, these days	오늘날
*伝える	つたえる(V-Ⅱ)	hand down	전하다
現代	げんだい(N)	modern age, present-day	현대
ふるさと	ふるさと(N)	hometown	고향
八坂神社	やさかじんじゃ(N)	Yasaka Shrine	야사카 신사
*代表する	だいひょうする(V-Ⅲ)	represent	대표하다
伝染病	でんせんびょう(N)	epidemic, disease	전염병
*流行する	りゅうこうする(V-Ⅲ)	break out	유행하다
当時	とうじ(N)	that time, then	당시
はやる	はやる(V-Ⅰ)	break out	유행하다
*神	かみ(N)	god	신
苦しめる	くるしめる(V-Ⅱ)	distress, torture	괴롭히다
*また	また(Conj.)	and also	또한
*政治	せいじ(N)	politics	정치
権力	けんりょく(N)	power (in society), authority	권력
あらそい	あらそい(N)	struggle	싸움
*戦争	せんそう(N)	war	전쟁
*負ける	まける(V-Ⅱ)	be defeated, lose (a game)	지다
たましい	たましい(N)	spirit, soul	영혼
*原因	げんいん(N)	cause	원인
*不安	ふあん(N)	uneasiness, anxiety, unrest	불안
*一般的に	いっぱんてきに(Adv.)	generally	일반적으로
*行う	おこなう(V-Ⅰ)	do, practice, carry out	행하다
収穫	しゅうかく(N)	harvest	수확
祈る	いのる(V-Ⅰ)	pray	빌다
感謝する	かんしゃする(V-Ⅲ)	thank, express one's gratitude	감사하다
よろこび	よろこび(N)	joy, delight, pleasure	기쁨
農村	のうそん(N)	farming village	농촌
漁村	ぎょそん(N)	fishing village	어촌

44

最大	さいだい(N)	biggest	최대
*都会	とかい(N)	city	도시
おそれ	おそれ(N)	fear	두려움
山車	だし(N)	float	다시 (가옥 형태의 수레. 축제 때 사용함)
屋台	やたい(N)	decorated portable stage for festivals	축제용 수레, 가마
*シンボル	シンボル(N)	symbol	심벌
かざる	かざる(V-Ⅰ)	decorate. display	장식하다
*大ぜい	おおぜい(Adv.)	many people	많이 / 여럿이서
*ひく	ひく(V-Ⅰ)	pull	끌다
*道具	どうぐ(N)	implement	도구
*肩	かた(N)	shoulder	어깨
*のせる	のせる(V-Ⅱ)	put on	메다
規模	きぼ(N)	scale	규모
*ずっと	ずっと(Adv.)	far, much (with comparison)	훨씬
祇園ばやし	ぎおんばやし(N)	Gion Festival music	기온 바야시 (기온 축제용 음악)
*独特(な)	どくとく(な)(Na)	unique	독특하다
ふえ	ふえ(N)	flute	피리
かね	かね(N)	bell	징
たいこ	たいこ(N)	drum	북
*場面	ばめん(N)	scene	장면
リズム	リズム(N)	rhythm	리듬
メロディー	メロディー(N)	melody	멜로디
演奏する	えんそうする(V-Ⅲ)	play (music). perform	연주하다
各地	かくち(N)	every place, various places	각지
*影響	えいきょう(N)	influence	영향
*与える	あたえる(V-Ⅱ)	exert (influence)	끼치다

祇園祭	ぎおんまつり(N)	祇園庙祭	lễ hội Gion
都	みやこ(N)	首都	kinh đô
*中心	ちゅうしん(N)	中心	trung tâm
*伝統	でんとう(N)	传统	truyền thống
数多く	かずおおく(Adv.)	很多	nhiều
今日	こんにち(N)	现在、现今	thời nay, hiện tại
*伝える	つたえる(V-Ⅱ)	传	truyền lại
現代	げんだい(N)	现代	thời hiện đại
ふるさと	ふるさと(N)	故乡	quê hương
八坂神社	やさかじんじゃ(N)	八坂神社	đền Yasaka
*代表する	だいひょうする(V-Ⅲ)	代表	biểu trưng, đại diện
伝染病	でんせんびょう(N)	传染病	bệnh truyền nhiễm
*流行する	りゅうこうする(V-Ⅲ)	流行	lây lan, thịnh hành
当時	とうじ(N)	当时	đương thời
はやる	はやる(V-Ⅰ)	流行、蔓延开来	lây lan, thịnh hành
*神	かみ(N)	神	thần
苦しめる	くるしめる(V-Ⅱ)	使之痛苦	làm hại, gây khó khăn
*また	また(Conj.)	而且、另外	ngoài ra
*政治	せいじ(N)	政治	chính trị
権力	けんりょく(N)	权利	quyền lực
あらそい	あらそい(N)	争夺	sự xung đột, tranh giành
*戦争	せんそう(N)	战争	chiến tranh
*負ける	まける(V-Ⅱ)	败、输	thua cuộc
たましい	たましい(N)	灵魂	linh hồn
*原因	げんいん(N)	原因	nguyên nhân
*不安	ふあん(N)	不安	bất an
*一般的に	いっぱんてきに(Adv.)	一般	nói chung
*行う	おこなう(V-Ⅰ)	举办、进行	tổ chức
収穫	しゅうかく(N)	收获	sự thu hoạch
祈る	いのる(V-Ⅰ)	祈祷	cầu nguyện
感謝する	かんしゃする(V-Ⅲ)	感谢	tạ ơn
よろこび	よろこび(N)	喜庆	niềm vui
農村	のうそん(N)	农村	nông thôn
漁村	ぎょそん(N)	渔村	làng chài

最大	さいだい(N)	最大	lớn nhất
*都会	とかい(N)	城市	đô thị
おそれ	おそれ(N)	恐惧	nỗi sợ hãi
山車	だし(N)	彩车	xe diễu hành
屋台	やたい(N)	彩车上部平台部分	kiệu gắn đồ trang trí dùng trong lễ hội
*シンボル	シンボル(N)	象征	biểu tượng
かざる	かざる(V-I)	装饰	trang trí
*大ぜい	おおぜい(Adv.)	众多	đông, nhiều
*ひく	ひく(V-I)	拉、牵	kéo
*道具	どうぐ(N)	用具、工具	dụng cụ, vật dụng
*肩	かた(N)	肩	vai
*のせる	のせる(V-II)	扛	đặt lên
規模	きぼ(N)	规模	qui mô
*ずっと	ずっと(Adv.)	(比……)……得多	hơn nhiều (so sánh)
祇園ばやし	ぎおんばやし(N)	祇園伴奏曲	điệu nhạc của lễ hội Gion
*独特(な)	どくとく(な)(Na)	独特	đặc trưng
ふえ	ふえ(N)	笛子	sáo
かね	かね(N)	钲	chuông
たいこ	たいこ(N)	鼓	trống
*場面	ばめん(N)	场面	hoàn cảnh, khung cảnh
リズム	リズム(N)	节奏	nhịp điệu
メロディー	メロディー(N)	旋律	giai điệu
演奏する	えんそうする(V-III)	演奏	biểu diễn, tấu nhạc
各地	かくち(N)	各地	các nơi
*影響	えいきょう(N)	影响	ảnh hưởng
*与える	あたえる(V-II)	给予	cho

III. 情報 2 ： 資料

● 日本の祭り（起源、場所、時期、特徴）

チャグチャグ馬コ

起源：田植えの前に、馬が元気で働く
　　　ように祈る祭り。
　　　江戸時代中期から。

場所：岩手県

時期：6月第2土曜日

特徴：馬を鈴などで
　　　飾って子供を
　　　乗せて歩く。

長崎くんち

起源：秋の収穫を祝う。
　　　1634年から。

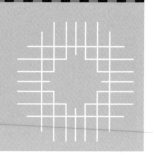

場所：長崎県

時期：10月7日〜9日

特徴：甘酒を作ったりして祝う。
　　　龍踊りが有名。約10m〜20mの
　　　龍に棒をつけて躍らせる。

青森ねぶた

起源：悪いことを人形と一緒に川や海
　　　へ流す祭り。300年ぐらい前から
　　　だという説がある。

場所：青森県

時期：8月2日〜7日

特徴：木と紙で作った大きい人形を台に
　　　乗せて引く。「ラッセラー」と言
　　　いながら踊る。

阿波踊り

起源：1586年にお城ができたお祝いに
　　　踊ったことから始まったという説
　　　がある。

場所：徳島県

時期：8月12日〜15日

特徴：音楽にあわせて踊る。「踊るあほ
　　　うに見るあほう、同じあほなら踊
　　　らにゃ損、損」と言いながら踊る。

48

IV. 調査発表：資料収集

あなたの国のお祭りを紹介してください。
・祭りの起源、場所、時期
・祭りですること：料理、着るもの、踊り、音楽、競争、パレード

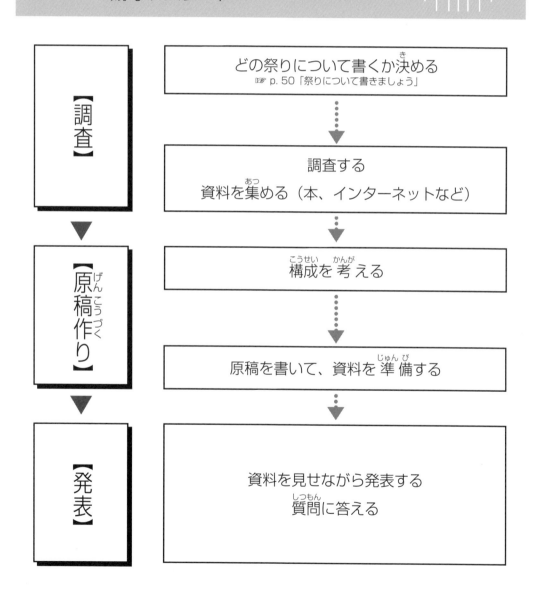

【調査】

どの祭りについて書くか決める
☞ p.50「祭りについて書きましょう」

調査する
資料を集める（本、インターネットなど）

【原稿作り】

構成を考える

原稿を書いて、資料を準備する

【発表】

資料を見せながら発表する
質問に答える

●祭りについて書きましょう

名前＿＿＿＿＿＿＿＿＿＿＿＿

1．どの祭りについて調べますか。

2．何を使って調べますか。

3．その祭りの特色は何ですか。
   （場所、時期、起源、祭りですること）

4．構成を考えましょう。

5．発表するときどんな資料を使いますか。

4

贈_{おく}り物_{もの}

I. はじめに

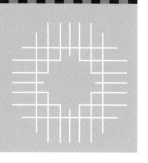

●**話し合ってみましょう**　（下のことばを参考にしてください）

◇今までもらったプレゼントの中で心に残ったものは何ですか。

◇どんなときに贈り物をしますか。どんなものをあげますか。

◇あなたの国にはどんな贈り物の習慣がありますか。

〈贈り物の目的〉
お祝い　　お礼
お見舞い　　お土産

〈贈り物の習慣〉
誕生日　　記念日
入学　　卒業
父の日／母の日
お中元　　お歳暮
バレンタインデー

〈プレゼントを贈る〉
包装する　　渡す
喜ぶ　　気に入る
大事にする　　感謝する

II. 情報 1 : グラフなど

グラフからどんなことがわかりますか。説明して話し合いましょう。
☞ p.87「グラフの読み方」

A 1年間に贈り物をした機会

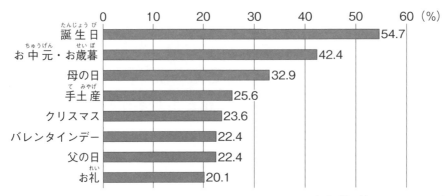

対象者数：11,431人（複数回答）
マイボイスコム株式会社調べ「ギフト（第3回）」2016年に基づく

B－1

お歳暮は毎年欠かさず贈っている

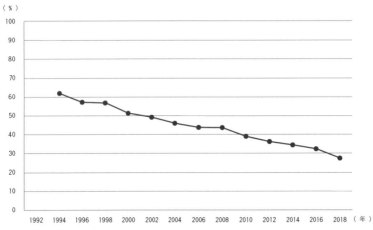

対象者：20～69歳の男女 3,080人
博報堂生活総合研究所「生活定点」調査 2018年より

B－2　お歳暮を贈る理由

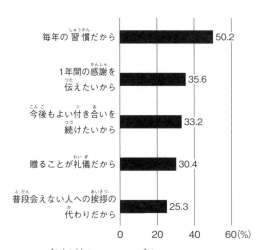

対象者：20〜69歳の男女 1,000 人
クロス・マーケティング調べ（2018 年）に
基づく

**C　贈り物を選ぶときに
大切にしている点**

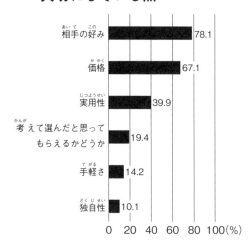

対象者：20〜69歳の男女 1,040 名
（複数回答）
JCB、JTB 調べ「ギフトに関する意識調査」
2014 年に基づく

D　贈り物のタブー

お祝い	4 や 9 などの数
お見舞い	古いお札 鉢植えの花、菊やつばきの花
結婚	鏡などの割れやすいもの 「別れる」「切れる」「離れる」 「終わる」「戻る」「壊れる」などのことば 「またまた」「たびたび」などの重ねことば
お中元・お歳暮	現金
葬式	赤い花 新札 「またまた」「たびたび」などの重ねことば
その他	赤い字の手紙

III. 情報2：読み物

- ●「プレゼント」
- ●「プレゼント」を読んで
- ●表現
- ●ことば

●「プレゼント」

　プレゼントはあげる側ももらう側も楽しいものだ。受け取った人が喜んでくれると本当にうれしい。しかし、何を贈ったらいいか、悩むことが多い。

　デパートへ行けば、洋服や時計、バッグ、CD、ネクタイなど、すてきなものがたくさんある。また、花を贈るのもロマンチックでいいし、映画や食事に誘うのもいいかもしれない。何を贈る場合も、相手のことをよく考えてプレゼントをするのが一番いいだろう。 　5

　買ったものではなく、手作りのものをプレゼントするのも一つの方法だ。料理が得意な人は料理を作ってあげることもできるし、絵が得意な人は絵を、作曲ができる人は歌をプレゼントすることもできる。女性から男性への典型的な手作りのプレゼントは手編みのセーターやマフラーだと言われてきた。世界中でたった一つの心のこもったプレゼントはうれしいのではないだろうか。 　10

　しかし、最近の若い人々のあいだでは、事情が変わってきたようだ。特に手編みのプレゼントは、若い女性のあいだで人気がなくなってきたそうだ。編み物は時間もお金もかかってめんどうだという声も聞かれる。男性も手編みのプレゼントを欲しがらなくなったらしい。心のこもったプレゼントが負担になったり、自分の趣味に合わなかったりするからだそうだ。このことも女性が手編みのプレゼントをしない理由の一つであろう。真心が反対に、迷惑になってしまったら、 　20

残念なことだ。

　ある人は、手作りのプレゼントは年配の人たちだけが喜ぶものかもしれないと言っている。どんなプレゼントをするか、どんなプレゼントが喜ばれるか、世代の違いがあるのだろうか。喜ばれるプレゼントというのは、いったいどんなものなのだろうか。　　　　　　　　25

　相手のことを考えすぎると、簡単にプレゼントできなくなってしまいそうである。しかし、選ぶのにあれこれ悩むのも、またプレゼントの一つと言えるのではないだろうか。相手の喜ぶ顔を想像しながら選ぶのは、プレゼントの楽しさの一つと言ってもいいのかもしれない。　　　　　　　　30

●「プレゼント」を読んで

(1) 本文の内容と合っているものに○を、違っているものに×を
書いてください。

1.（　　）プレゼントはもらう側の方がうれしい。

2.（　　）プレゼントは買ったものをあげたほうがいい。

3.（　　）昔、女性から男性への手作りのプレゼントはセーター
やマフラーが多かった。

4.（　　）最近若い男性は手編みのプレゼントを欲しがるように
なった。

5.（　　）手作りのプレゼントは相手の好みに合わないと迷惑に
なってしまうかもしれない。

6.（　　）プレゼントを選ぶとき相手のことを考えることもプレ
ゼントだと言える。

(2) 次の質問に答えてください。

1. 買ったものをあげる以外にどんなプレゼントがあると言ってい
ますか。例を書いてください。

2. プレゼントをあげる側が楽しいと感じるのはどんなことですか。

1. 〜ものだ

1) 誕生日に国の友達から手紙やカードをもらうのはうれしいものだ。

2) 人はおいしいものを食べると幸せな気持ちになるものだ。

3) 困っているときの友達のアドバイスはありがたいものだ。

4) 若いときはだれでも大きな夢をえがくものだ。

5) ＿＿＿＿＿＿＿＿＿＿＿＿＿＿＿＿＿はうれしいものだ。

6) ＿＿＿＿＿＿＿＿＿＿＿＿＿＿＿＿＿＿ものだ。

● プレゼントはあげる側ももらう側も楽しいものだ。

解説 【Na- な /A- い /V- る /V- ない】ものだ

⇒ it is natural that 〜 / ……是〜的事情（表示一般的倾向、性质）/
〜것이다 / 법이다 / thường thì 〜 (diễn tả khuynh hướng, tính chất chung)

2. 〜のも一つの方法だ

1) 外国語が上手になるには、その国の友達を作るのも一つの方法だ。

2) 気分を変えたいなら、カラオケで歌うのも一つの方法だ。

3) 旅行の計画をたてる時間がないときは、ツアーに参加するのも一つの方法だ。

4) レストランを選ぶとき、ネットの「いいね」の数を見るのも一つの方法だ。

5) ＿＿＿＿＿＿＿＿＿＿＿＿＿ときは友達に聞いてみるのも一つの方法だ。

6) ＿＿＿＿＿＿＿＿＿＿＿＿＿＿＿のも一つの方法だ。

● 買ったものではなく、手作りのものをプレゼントするのも一つの方法だ。

解説 【V- る】のも一つの方法だ

⇒〜 is one way (one option) /〜也是一个办法 /〜것도 하나의 방법이다 /〜 cũng là một cách

3．〜のではないだろうか

1）桜の花を見たらだれでも美しいと思うのではないだろうか。

2）人間はどんな人も本当はやさしい心を持っているのではないだろうか。

3）最近の生活はコンピューターシステムに頼りすぎているのではないだろうか。コンピューターが使えなくなったら生活ができなくなってしまう。

4）将来、自分の会社を持ちたいと考えている学生もいるのではないだろうか。そう考えてアンケートをしてみた。

5）＿＿＿＿＿＿＿＿＿＿＿＿＿＿＿＿＿のではないだろうか。

●世界中でたった一つの心のこもったプレゼントはうれしいのではないだろうか。

解説 【S】のではないだろうか

⇒ I wonder if 〜（soft way to state one's opinion）

〜，不是吗？（比较委婉地阐述自己的意见）

〜지는 않을까（의견을 부드럽게 말하는 표현）

chẳng phải là 〜 hay sao?（cách nói nhẹ nhàng thể hiện ý kiến cá nhân）

注：【S】（N だ→ N な　Na- だ→ Na- な）

4．〜ようだ

1）山本さんは最近ちょっと疲れているようだ。

2）キャンパスでは何かイベントがあるようだ。学生が集まっている。

3）アンケートの結果によると、ボランティアに関心を持つ人が増えてきたようだ。

4）地球を守るために一人一人が努力しなければいけないということがみんなわかってきたようだ。

5）＿＿＿＿＿＿＿＿＿＿＿＿＿＿＿＿＿＿＿＿ようだ。

●最近の若い人々のあいだでは、事情が変わってきたようだ。

解説 【S】ようだ

⇒ it looks like 〜／好像（似乎）〜／
〜같다 / có vẻ như 〜

注：【S】（Nだ→Nな Na-だ→Na-な）

5．〜というのは〜

1）スマホというのはスマートフォンのことだ。
2）本当の友達というのは苦しいときにそばにいてくれる人のことだ。
3）お歳暮というのは年末にお世話になった人にお礼の意味です..るプレゼントのことだ。
4）脳死というのは本当に人の死なのだろうか。
5）国の名前でESPというのは＿＿＿＿＿＿＿＿＿のことだ。
6）＿＿＿＿＿というのは＿＿＿＿＿＿＿＿＿＿＿。

●喜ばれるプレゼントというのは、いったいどんなものなのだろうか。

解説 【N₁】というのは【N₂】（だ）

⇒〜 means 〜（【N₂】explains【N₁】in detail）
所谓〜是〜（【N₂】是对【N₁】的详细说明）
〜 라는 것은〜다（【N₂】는【N₁】을 자세하게 설명하고 있다）
〜 nghĩa là 〜（【N₂】giải thích chi tiết cho【N₁】.）

6．〜そうだ

1）来週は忙（いそが）しいので約束（やくそく）のパーティーには行けなくなり<u>そうだ</u>。

2）今、資料（しりょう）を作（つく）っているが、完成（かんせい）するまでにもう少し時間が

かかり<u>そうだ</u>。

3）2週間も会社を休（やす）んで旅行（りょこう）していると、もう会社へ行きたく

なくなり<u>そうだ</u>。

4）A：だれが次（つぎ）の大統領（だいとうりょう）になり<u>そう</u>ですか。

　　B：明日（あした）の午前中に選挙（せんきょ）の結果（けっか）が出るはずです。

5）＿＿＿＿＿＿＿＿＿＿＿＿＿＿＿＿＿＿＿そうです。

●相手（あいて）のことを考（かんが）えすぎると、簡単（かんたん）にプレゼントできなくなっ

てしまいそうである。

解説　【Na-/V-/A-】そうだ

⇒ it looks 〜（【Na/V/A】shows the speaker's conjecture.）

看样子（好像）〜（【Na/V/A】表示说话者的推测。）

〜-ㄹ것 같다（【Na/V/A】는 화자의 추측을 나타낸다）

có vẻ là 〜（【Na/V/A】diễn đạt suy đoán của người nói.）

～側	～がわ (Suffix)	～ side	～ 측
*受け取る	う けとる (V-I)	receive	받다
*喜ぶ	よ ろこ ぶ (V-I)	be pleased	기뻐하다
うれしい	う れし い (A)	happy	기쁘다
贈る	お くる (V-I)	give (a present)	선물하다
*悩む	な や む (V-I)	be troubled	고민하다
ロマンチック (な)	ロ マンチ ック (な) (Na)	romantic	로맨틱하다
*誘う	さ そう (V-I)	invite	권유하다
*相手	あ いて (N)	partner, opponent	상대방
*手作り	て づ くり (N)	handmade	손수 만듦
*方法	ほ うほう (N)	way	방법
*得意 (な)	と く い (な) (Na)	good at	잘하다
*作曲	さ っきょく (N)	musical composition	작곡
*典型的 (な)	て んけいてき (な) (Na)	typical	전형적이다
手編み	て あみ (N)	handknitting	손으로 짬
マフラー	マ フラー (N)	scarf	머플러
たった一つ	た ったひと つ (exp.)	only one	단 하나
*心のこもった	こ ころのこも った (exp.)	heartfelt	정성 어린
*最近	さ いきん (Adv.)	recently	최근
*事情	じ じょう (N)	situation, circumstances	사정
*人気がある/ない	に んきがあ る/な い (exp.)	be (not) popular	인기가 있다/없다
負担になる	ふ たんにな る (exp.)	be burden	부담이 되다
真心	ま ご ころ (N)	true heart, sincerity	정성/진심
*迷惑	め いわく (N)	nuisance, trouble	폐
*年配の人	ね んぱいのひと (N)	elderly person	나이 든 사람
*世代	せ だい (N)	generation	세대
あれこれ	あ れ これ (Adv.)	one thing or another, this and that	이것저것
*想像する	そ うぞうする (V-Ⅲ)	imagine	상상하다

●ことば

～側	～がわ(Suffix)	～方面	bên ～
*受け取る	う￢けとる(V-I)	接到、收到	tiếp nhận
*喜ぶ	よ￢ろこ￢ぶ(V-I)	欢喜、高兴	vui lòng
うれしい	う￢れし￢い(A)	高兴	sung sướng
贈る	お￢くる(V-I)	馈赠	tặng
*悩む	な￢や￢む(V-I)	烦恼、苦恼	lo lắng, phiền muộn
ロマンチック(な)	ロ￢マンチ￢ック(な)(Na)	浪漫	lãng mạn
*誘う	さ￢そ￢う(V-I)	约、劝诱	mời, rủ
*相手	あ￢いて￢(N)	对方	đối phương
*手作り	て￢づ￢くり(N)	自己做的	tự làm
*方法	ほ￢うほう(N)	办法、方法	cách, phương pháp
*得意(な)	と￢く￢い(な)(Na)	拿手	giỏi
*作曲	さ￢っきょく(N)	作曲	sáng tác ca khúc
*典型的(な)	て￢んけいてき(な)(Na)	典型的	điển hình
手編み	て￢あみ(N)	手织的	đan bằng tay
マフラー	マ￢フラー(N)	围巾	khăn quàng cổ
たった一つ	た￢ったひと￢つ(exp.)	唯一	chỉ có một, duy nhất
*心のこもった	こ￢ころのこも￢った(exp.)	真诚的	chứa đựng tấm lòng
*最近	さ￢いきん(Adv.)	最近	gần đây
*事情	じ￢じょう(N)	情况	tình hình
*人気がある/ない	に￢んきがあ￢る/な￢い(exp.)	(不)受欢迎	được / không được ưa chuộng
負担になる	ふ￢たんにな￢る(exp.)	成为负担	thành gánh nặng
真心	ま￢ご￢ころ(N)	诚心诚意	tấm lòng thành
*迷惑	め￢いわく(N)	麻烦	nỗi phiền toái
*年配の人	ね￢んぱいのひと￢(N)	年长的人	người lớn tuổi
*世代	せ￢だい(N)	一代、世代	thế hệ
あれこれ	あ￢れこれ(Adv.)	这个那个	thế này thế kia
*想像する	そ￢うぞうする(V-Ⅲ)	想象	tưởng tượng

IV. 文集作り

プレゼントについて作文を書いて文集を作りましょう。
- 思い出に残るプレゼント
- 贈り物の習慣

  どんなときに、どんなものをよく贈るか、
  贈ってはいけないものなど

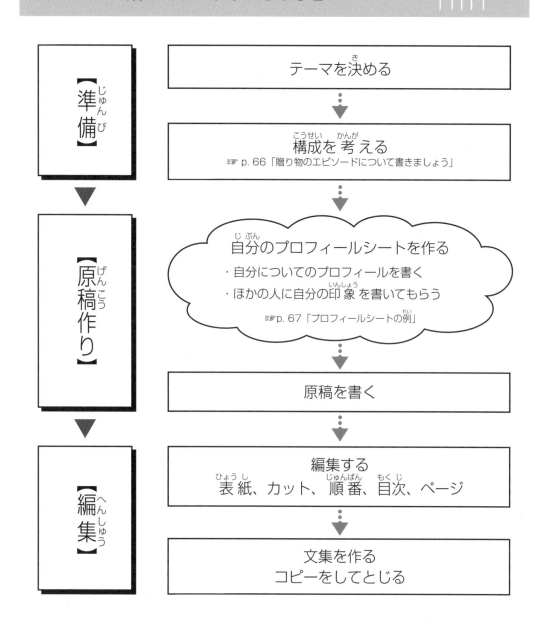

【準備】

テーマを決める

構成を考える
☞ p. 66「贈り物のエピソードについて書きましょう」

【原稿作り】

自分のプロフィールシートを作る
- 自分についてのプロフィールを書く
- ほかの人に自分の印象を書いてもらう
☞ p. 67「プロフィールシートの例」

原稿を書く

【編集】

編集する
表紙、カット、順番、目次、ページ

文集を作る
コピーをしてとじる

名前＿＿＿＿＿＿＿＿＿＿＿＿

1. どのエピソードについて書きますか。
　　いつでしたか。プレゼントの目的は何でしたか。

2. プレゼントは何でしたか。だれがだれに贈りましたか。どんな方法で贈りましたか。

3. どんな気持ちでしたか。どんなことを考えましたか。
　　ほかのケースと比べてみましょう。

4. 構成を考えましょう。

〈プロフィールシートの例〉

氏　名	イ　スヨン 李　秀英
出　身	かんこく 韓国
誕生日	6月18日
専　門	けいざい 経済
趣　味	ギターを弾くこと
日本の印象	じどうはんばいき 自動販売機がたくさんあって、電車が込んでいる。
日本でしたいこと	ともだち　つく 日本人の友達を作りたい。

【クラスメートから一言】

・李さんはこのコースのために一生懸命がんばっていて、とてもいいと思います。

・いつもニコニコしていて、親切な人だと思います。

・面白くて、いつもじょうだんを言っています。

・日本語が上手です。

・韓国料理を食べさせてくれて、どうもありがとう。

マスメディア ⑤

I. はじめに

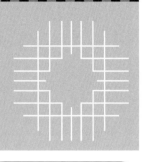

●**話し合ってみましょう**　　（下のことばを参考にしてください）

◇1日に何時間ぐらいテレビを見ますか。

◇1日に何時間ぐらいインターネットをします
　か。インターネットでどんなことをしますか。

◇インターネットの情報をどのぐらい信じます
　か。インターネットを使うときに気をつけて
　いることは何ですか。

〈メディアのいろいろ〉

テレビ　　新聞　　雑誌
インターネット　　携帯電話

〈テレビ・ラジオ〉

ニュース　　ドラマ
バラエティー
ドキュメンタリー
コマーシャル

〈インターネット〉

ウェブ　　サイト　　ブログ
SNS　　コミュニティー
検索　　匿名性　　コンテンツ
アプリ

〈新聞のことば〉
記者
記事
見出し
コラム
投書

II. 情報 1 : グラフ

グラフからどんなことがわかりますか。説明して話し合いましょう。
☞ p.87「グラフの読み方」

A　各国のインターネット普及率

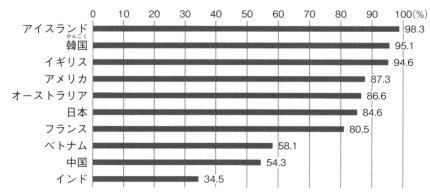

Internet Telecommunication Union「Percentage of Individuals using the Internet」
2017 年に基づく

B　主なメディアの平均利用時間の推移（平日1日当たり）

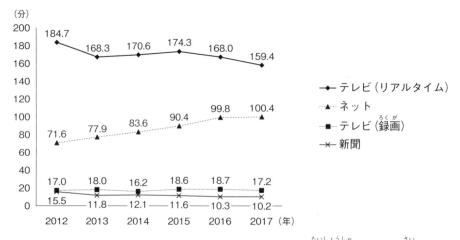

対象者：13〜69歳の男女 1,500 人
総務省 情報通信政策研究所「平成 29 年情報通信メディアの利用時間と
情報行動に関する調査報告書＜概要＞」2018 年に基づく

C　最も利用するメディア

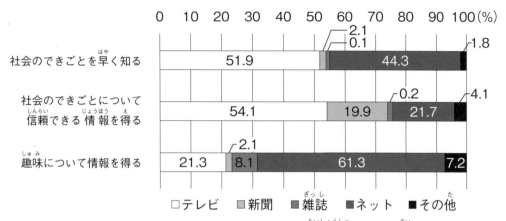

対象者：13～69歳の男女 1,500 人

総務省 情報通信政策研究所「平成 29 年情報通信メディアの利用時間と情報行動に関する
調査報告書」2018 年に基づく

D　インターネット利用の目的

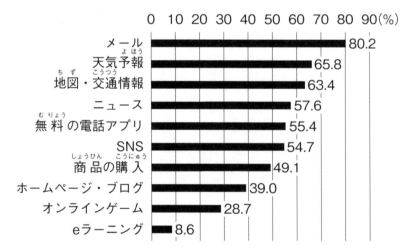

対象者数：28,373 人（複数回答）

総務省「平成 29 年通信利用動向調査の結果（概要）」2018 年に基づく

III. 情報2：読み物

- ●「わたしたちとメディア」
- ●「わたしたちとメディア」を読んで
- ● 表現
- ● ことば

●「わたしたちとメディア」

　わたしたちは、さまざまなメディアとともに生活している。たとえば、インターネットを使うと、いろいろな情報を簡単に手に入れることができる。携帯電話などのモバイルを使えばいつでも、どこからでもアクセスが可能だ。そして、インターネットで映画やニュースを見たり、買い物やオークションをしたり、同じ趣味の友達を探したりするなど、さまざまな活動ができるようになった。日本のインターネットの普及率を見てみると、1998年には13.4％だったが、2017年には84.6％になった。利用する人が急激に増えている。

　しかし、インターネットには問題も少なくない。子供に悪い影響があるという議論もくり返されてきた。確かに、多くの情報が流れているので、信用できない情報も含まれている。また、暴力シーンなど、子供に見せたくないサイトも数多くあるし、相手が見えないので、知らないうちに犯罪に関係してしまうかもしれない。

　このような環境から子供を守るために、フィルタリング・システムがある。これは、害があるサイトにアクセスできないようにするシステムだ。最近、子供が事件に巻き込まれるケースが多いので、フィルタリング・システムなどの方法を使って、情報やメディアから、子供を守ろうという人が増えている。

　だが、それだけでは、問題は解決できない。情報を全部チェックすることはできないし、メディアはインターネットだけでなく、ほかに

5

10

15

20

もいろいろある。テレビは番組の種類も多く、夜中でも放送している。本や雑誌やマンガは毎日出版されているし、どこへ行っても広告が目に入る。わたしたちの生活には、いいものも、悪いものも、情報が洪水のように流れている。

　メディアと一緒に生活していくには、情報をいろいろな面から理解する力が必要だ。たとえば、メディアの情報が本当かどうか考えたり、その内容がどんな立場から作られているか知ることが大切である。子供のころからメディアを読む力を育てれば、現実の社会を生きていくときに、非常に役に立つだろう。

25

● 「わたしたちとメディア」を読んで

(1) 本文の内容と合っているものに○を、違っているものに×を
書いてください。

1. （　　）インターネットの普及率は、1998年から2017年のあ
いだに約6倍になった。

2. （　　）インターネットの問題は今まであまり話し合われてこ
なかった。

3. （　　）インターネットが原因で、子供が事件に巻き込まれる
ケースがある。

4. （　　）フィルタリング・システムは子供を害のあるサイトか
ら守るために作られた。

5. （　　）フィルタリング・システムを使えば、いい情報か、悪
い情報か簡単にわかる。

6. （　　）一つの情報はいろいろな理解のしかたがある。

7. （　　）メディアの情報がどんな立場から作られているか、知
ることはできない。

(2) 次の質問に答えてください。

1. インターネットのいいところと、悪いところは何ですか。

　　いいところ：

　　悪いところ：

2. 毎日たくさんの情報がある中で、わたしたちはどのようにすれ
ばいいでしょうか。

● 表現

1．〜とともに

1) 久しぶりに国に帰り、家族とともに楽しい夏休みを過ごした。

2) サラリーマンをやめ、妻とともに小さな店を始めた。

3) 楽しそうな笑い声とともに学生たちが帰ってきた。

4) わたしは、＿＿＿＿＿＿＿＿＿＿＿＿＿＿とともに暮らしている。

● わたしたちは、さまざまなメディアとともに生活している。

解説 【N】とともに……

⇒……together with 〜

和〜一起……

〜（와）과 더불어……

……cùng với 〜

2．〜ようになる（〜なくなる）

1) ニュースはインターネットで見るようになった。

2) 犬を飼ってからよく散歩するようになった。

3) 新しい電車ができると、東京から大阪まで1時間で行ける
ようになる。

4) 僕は大人になって、マンガを読まなくなった。

5) 日本へ来てから＿＿＿＿＿＿＿＿＿＿＿＿＿ようになった。

6) ＿＿＿＿＿＿＿＿＿＿＿＿＿＿＿＿＿ようになった。

● さまざまな活動ができるようになった。

解説 【V-る】ようになる

⇒ come to 〜

（变得）〜了

〜되다

trở nên 〜

3. 〜かもしれない

1）空が暗くなってきた。雨が降るかもしれない。

2）札幌は寒いかもしれないので、セーターを持って行ったほうがいい。

3）彼はかぜをひいているので、明日のパーティーには行けないかもしれない。

4）もっと頑張れば、テストで満点が取れるかもしれない。

5）彼は_____が得意なので_____かもしれない。

6）_____かもしれない。

●相手が見えないので、知らないうちに犯罪に関係してしまうかもしれない。

解説 【S】かもしれない

⇒ may 〜 ; might 〜 / 也许〜 / 〜일지도 모른다 / không chừng 〜 ; có thể 〜

注：【S】（N だ→ N　Na- だ→ Na-)

4. 〜ために〈目的〉

1）留学するために、1年間アルバイトをした。

2）新しい会社を作るために、お金を集めている。

3）パーティーに出席するために、新しいドレスを買った。

4）環境を守るために、それぞれの家庭で努力したほうがいい。

5）日本を知るために、_____。

6）_____ために、_____。

●このような環境から子供を守るために、フィルタリング・システムがある。

解説 【V-る】ために……

⇒ in order to 〜 / 为了〜 / 〜기 위해 / để 〜

5. ～ようにする

1）クラスではできるだけ日本語で話す<u>ようにして</u>ください。

2）医者：お酒はあまり飲まないほうがいいですね。

　　田中：はい、わかりました。これから飲まない<u>ようにします</u>。

3）運動が足りないので、エスカレーターがあっても、できるだけ、階段を使う<u>ようにしている</u>。

4）忙しくても、子供の話を聞く<u>ようにしています</u>。

5）妻も働いているので、できるだけ＿＿＿＿＿＿＿＿＿＿＿＿

　　＿＿＿＿＿＿＿＿＿ようにしています。

6）＿＿＿＿＿＿＿＿＿＿＿＿＿＿＿＿＿＿ようにしている。

●これは、害があるサイトにアクセスできないようにするシステムだ。

> 解説　【V-る／V-ない】ようにする
> ⇒ make an effort to ～／（努力）～去做／
> 　～도록 하다／cố gắng ～

6.（疑問語）～ても

1）この仕事はだれが<u>やって</u>も時間がかかるだろう。

2）その店はいつ行<u>って</u>も込んでいる。

3）どんなに大変<u>でも</u>一度決めたことは最後までやる。

4）いくらお金があっ<u>ても</u>幸せは買えない。

5）どこへ行っても＿＿＿＿＿＿＿＿＿＿＿＿＿＿＿＿＿。

6）＿＿＿＿＿＿＿＿＿ても＿＿＿＿＿＿＿＿＿＿＿＿＿。

●どこへ行っても広告が目に入る。

> 解説　【interrogative word／疑問词／의문사／từ nghi vấn＋Nで／Na-で／A-て／V-て】も……
> ⇒ no matter ～ ……
> 　～也（都）……
> 　～（아／어／여）도……
> 　cho dù ～ ……; bất kể ～ ……

*メディア	メディア(N)	media	미디어
*インターネット	インターネット(N)	Internet	인터넷
*情報	じょうほう(N)	information	정보
*携帯電話	けいたいでんわ(N)	cell-phone	휴대폰
モバイル	モバイル(N)	mobile	모바일
*アクセス	アクセス(N)	access	액세스/연결
可能な	かのう(な)(Na)	possible	가능하다
活動	かつどう(N)	activity	활동
普及率	ふきゅうりつ(N)	usage rate	보급률
急激に	きゅうげきに(Adv.)	suddenly, rapidly	급격히
*増える	ふえる(V-Ⅱ)	increase	늘어나다
*影響	えいきょう(N)	influence	영향
*議論	ぎろん(N)	argument	의론/논의
*くり返す	くりかえす(V-Ⅰ)	repeat	반복하다
確かに	たしかに(Adv.)	without doubt	분명히/과연
流れる	ながれる(V-Ⅱ)	flow	흐르다/유통되다
信用する	しんようする(V-Ⅲ)	trust	신용하다
含む	ふくむ(V-Ⅰ)	include	포함하다
暴力	ぼうりょく(N)	violence	폭력
シーン	シーン(N)	scene	신, 장면
サイト	サイト(N)	site	사이트
犯罪	はんざい(N)	crime	범죄
関係する	かんけいする(V-Ⅲ)	be related to	관계하다
*環境	かんきょう(N)	environment	환경
*守る	まもる(V-Ⅰ)	protect	지키다
フィルタリング・システム	フィルタリングシステム(N)	filtering system	필터링 시스템
害	がい(N)	harm	해
事件	じけん(N)	incident	사건
巻き込む	まきこむ(V-Ⅰ)	involve	끌어들이다
ケース	ケース(N)	case	경우
だが	だが(Conj.)	but	하지만
解決する	かいけつする(V-Ⅲ)	solve	해결하다
*種類	しゅるい(N)	kind, sort	종류
*放送する	ほうそうする(V-Ⅲ)	broadcast, go on air	방송하다

出版する	しゅっぱんする(V-Ⅲ)	publish	출판하다
*広告	こうこく(N)	advertisement	광고
洪水	こうずい(N)	flood	홍수
面	めん(N)	side, aspect	측면
*理解する	りかいする(V-Ⅲ)	understand	이해하다
*必要(な)	ひつよう(な)(Na)	necessary	필요하다
立場	たちば(N)	standpoint, position	입장
*現実	げんじつ(N)	reality, actuality	현실
*非常に	ひじょうに(Adv.)	extremely	매우

*メディア	メ￢ディア(N)	媒介	truyền thông
*インターネット	イ￢ンターネ￢ット(N)	因特网	internet
*情報	じょ￢うほう(N)	信息	thông tin
*携帯電話	け￢いたいで￢んわ(N)	手机、移动电话	điện thoại di động
モバイル	モ￢バイル(N)	移动式的通行设备	phương tiện di động
*アクセス	ア￢クセス(N)	存取	truy cập
可能な	か￢のう(な)(Na)	可能	có khả năng
活動	か￢つどう(N)	活动	hoạt động
普及率	ふ￢きゅ￢うりつ(N)	普及率	tỉ lệ phổ cập
急激に	きゅ￢うげきに(Adv.)	急剧	một cách mạnh mẽ, đột ngột
*増える	ふ￢え￢る(V-Ⅱ)	增加	gia tăng
*影響	え￢いきょう(N)	影响	ảnh hưởng
*議論	ぎ￢ろん(N)	议论	sự tranh luận
*くり返す	く￢りか￢えす(V-Ⅰ)	反复	lặp lại
確かに	た￢しかに(Adv.)	确实	đúng là, quả thật
流れる	な￢がれ￢る(V-Ⅱ)	传播	lan tràn
信用する	し￢んようする(V-Ⅲ)	相信、信任	tin tưởng
含む	ふ￢く￢む(V-Ⅰ)	包含	bao gồm
暴力	ぼ￢うりょく(N)	暴力、武力	bạo lực
シーン	シ￢ーン(N)	镜头	cảnh tượng
サイト	サ￢イト(N)	网站	trang mạng
犯罪	は￢んざい(N)	犯罪	tội ác, sự phạm tội
関係する	か￢んけいする(V-Ⅲ)	关系、涉及	có liên quan
*環境	か￢んきょう(N)	环境	môi trường
*守る	ま￢も￢る(V-Ⅰ)	保护	bảo vệ
フィルタリング・システム	フィ￢ルタリングシ￢ステム(N)	网络过滤系统	hệ thống lọc
害	が￢い(N)	不健康的(网站)	tai hại
事件	じ￢けん(N)	案件	vụ việc, vụ án
巻き込む	ま￢きこ￢む(V-Ⅰ)	卷入、牵连	cuốn vào
ケース	ケ￢ース(N)	事例	trường hợp
だが	だ￢が(Conj.)	但是	tuy nhiên
解決する	か￢いけつする(V-Ⅲ)	解决	giải quyết
*種類	しゅ￢るい(N)	种类	chủng loại
*放送する	ほ￢うそうする(V-Ⅲ)	播放	phát sóng

出版する	しゅっぱんする(V-Ⅲ)	出版	xuất bản
*広告	こうこく(N)	广告	quảng cáo
洪水	こうずい(N)	洪水	lũ lụt
面	めん(N)	方面	mặt, phương diện
*理解する	りかいする(V-Ⅲ)	理解、了解	hiểu
*必要(な)	ひつよう(な)(Na)	必要	cần thiết
立場	たちば(N)	立场	lập trường, quan điểm
*現実	げんじつ(N)	现实	hiện thực
*非常に	ひじょうに(Adv.)	非常	vô cùng, cực kỳ

IV. 調査発表：アンケート

メディアについてアンケートをしましょう。

・新聞、テレビ、インターネットなど
　　利用のしかた、頻度、目的など
　　　長所、短所、信頼度、ニュースの伝え方、
　　生活への影響（いいところ、悪いところ）

【アンケート】

アンケートのテーマを決める　☞ p. 91「アンケート調査計画」

アンケートシートを作る
・知りたいことをはっきりさせて質問を作る
・どんな答えがあるか予想する
・質問の順番を考える
・アンケートシートを作ってコピーする
　☞ p. 92「アンケートシートの例」

アンケートをする　☞ p. 94「アンケートのしかた」

【原稿作り】

アンケートを集計する

まとめる
・アンケートの答えを読んで、比較や分析をする
・原稿を書く
・グラフや表を作る
☞ p. 95「アンケートのまとめ方」p. 97「意見を言うとき／発表するときの表現」

【発表】

発表する

質問に答える

調査・発表のための手引き

1．グラフの読み方

●グラフの種類

（1）円グラフ

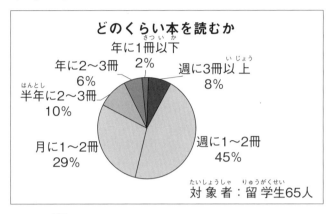

（2）棒グラフ

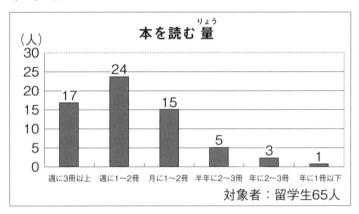

（3）帯グラフ

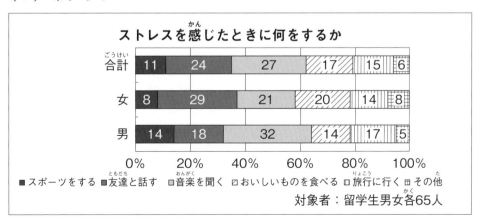

（4）折れ線グラフ

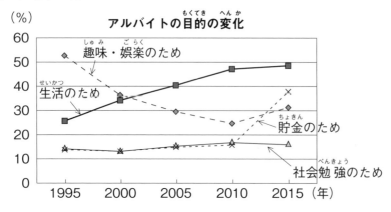

アルバイトの目的の変化

(%)

趣味・娯楽のため
生活のため
貯金のため
社会勉強のため

（調査対象：Ｓ大学Ｊ学科の学生200人（複数回答））

●グラフで使うことば

たて軸　　よこ軸　　割合　　数　　量　　部分

〜を／について表す　　増える　　減る

〜ていく　　〜てきた

少しずつ　　急に

これに対して　　〜と〜を比べてみると

●グラフの説明

・このグラフは＿＿＿＿＿＿＿＿＿＿について表しています。

・（たて軸）は（人数）を表し、（よこ軸）は（年）を表しています。

・（グラフのタイトル）を見ると、
・このグラフから、
・このグラフによると、

〜となっています。
〜ということが言えます。
〜ということがわかります。
〜ということが読み取れます。

・Ａでは＿＿が＿＿％です。これに対して、Ｂでは＿＿％になっています。このことから、＿＿＿＿＿＿＿＿＿＿と考えられます。

・ＡとＢを比べてみると、ＢはＡより＿＿＿＿＿＿＿＿＿＿＿＿。

２．手紙の書き方

●「あて名と差出人」の書き方

〈はがき〉

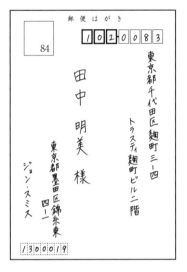

〈手紙〉

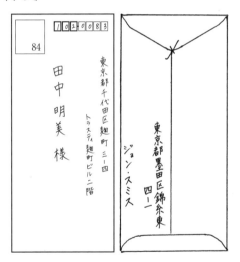

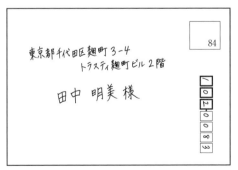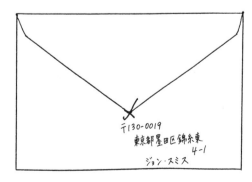

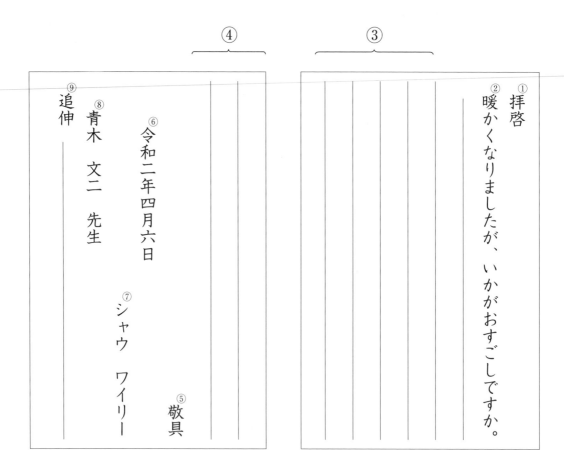

① ていねいな手紙のとき始めに書く決まったことば。②を省略するときは、「拝啓」ではなく「前略」を使う

② 始めのあいさつ……「暖かくなりました」などの季節のあいさつ

③ 本文……言いたいこと、伝えたいこと

④ 終わりのあいさつ……「お体に気をつけて」など

⑤ ①とペアで使う表現。「拝啓」のときは「敬具」、「前略」のときは「草々」

⑥ 日付……手紙を書いた日

⑦ 差出人……（手紙を出す人）の名前

⑧ 受取人……（手紙を受け取る人）の名前

⑨ 追伸……P.S.

3. アンケート調査

1）アンケート調査計画

名前＿＿＿＿＿＿＿＿＿＿

1. 何についてアンケート調査をしますか。

2. アンケートの対象は？→（社会人　日本人学生　留学生＿＿＿＿＿＿＿）

3. どんなことを知りたいですか。

4. 調べたいこと。

- ・
- ・
- ・
- ・
- ・
- ・

5. どんなことが予想できますか。

6. 発表資料は何を使いますか。

２）アンケートシートの例

読書について

性別：男　　女
年齢：10代　　20代　　30代　　40代　　50代以上
職業：＿＿＿＿＿＿＿＿＿＿＿＿

1.　１か月に何冊ぐらい本を読みますか。（教科書、雑誌以外）
　　（　　）７冊以上　　　（　　）５〜６冊　　　　　（　　）３〜４冊
　　（　　）１〜２冊　　　（　　）ぜんぜん読まない→７へ

2.　どんな本を読みますか。
　　（　　）小説　　　　　（　　）エッセイ　　　　（　　）実用書
　　（　　）専門書　　　　（　　）マンガ　　　　　（　　）その他＿＿＿＿＿

3.　本はたいていどうしていますか。（一つだけ）
　　（　　）自分で買う　　　　（　　）友達から借りる
　　（　　）図書館で借りる　　（　　）家、寮などにある本
　　（　　）その他＿＿＿＿＿＿＿＿＿＿＿＿＿＿＿＿

4.　どんなときに本を読もうと思いますか。
　　（　　）友達にすすめられて　　　　　（　　）新聞などの紹介を読んで
　　（　　）本屋や図書館で立ち読みして　（　　）その他＿＿＿＿＿＿＿＿＿

5.　本代に１か月いくらぐらい使いますか。
　　（　　）1000円以下　（　　）1000〜2000円　（　　）3000円〜5000円
　　（　　）5000円以上

6.　「最近、本を読まない人が多くなった」と言われていますが、そう思いますか。
　　　　　（　　）そう思う　　　　　　（　　）そう思わない

　　　　　　　　　→　どうしてだと思いますか＿＿＿＿＿＿＿＿＿＿＿＿

7. 1で「ぜんぜん読まない」と答えた人は、どうして読まないのですか。
　　（　　）読みたいが、仕事や勉強が忙しくて時間がないから
　　（　　）ほかの遊びをしたいから
　　（　　）本を読むことはあまり意味がないから
　　（　　）好きじゃないから
　　（　　）その他＿＿＿＿＿＿＿＿＿＿＿＿＿＿＿＿

　　ご協力どうもありがとうございました。

3）アンケートのしかた

（1）話しかける

- あのう……。
- すみません。
- あのう、ちょっと、よろしいでしょうか。

（2）自己紹介をする

わたしは、＿＿＿＿で日本語を勉強している＿＿＿＿＿＿＿です。

（3）お願いをする

今、＿＿＿＿＿＿について、アンケートをしているんですが……

- お願いできますか。
- 答えていただけませんか。
- 2、3分よろしいでしょうか。

アンケートを書いてもらう ▷

（4）お礼を言う

- どうも、ありがとうございました。
- お忙しいところ、すみませんでした。
- ご協力ありがとうございました。

＊聞いて、わからなかったとき

- すみません。もう一度お願いします。
- すみません。それはどういう意味でしょうか。
- たとえば、どんなことでしょうか。
- ＿＿＿＿＿って、どんなことでしょうか。

4) アンケートのまとめ方の例

はじめに

　　最近は本を読まない人が多くなったと聞きました。大学生が実際にどのくらい、どんな本を読んでいるのか知りたいと思って、大学生20人にアンケートをしました。答えてくれた人は、男子学生11人、女子学生9人です。これから、そのアンケートの結果について報告します。

調査の結果

　　まず、「1か月に何冊ぐらい本を読みますか」という質問をしました。これに対して、7冊以上という人は1人しかいませんでした。しかし、ぜんぜん読まないという人も1人だけでした。
　　次に、「どんな本を読みますか」と聞きました。「小説」と答えた人は12人で、「マンガ」は10人でした。
　　その次に、買って読む人がどのくらいいるか知りたかったので「本はたいていどうしていますか」という質問をしました。一番多かったのは……

・
・
・

　　最後に「　　　　　」と聞きました。

まとめ

　これがアンケート調査の結果です。この結果から、思ったより本を読んでいる人が多いことがわかりました。スマホで本を読む人もいます。時代とともにメディアが変わっても、人は文字から情報を得ていると言えるでしょう。……

　（あなたやあなたの国と比べてみましょう）

　（はじめに予想したことと比べてみましょう）

終わりに

　これで、わたしの発表を終わります。何か質問があったらどうぞ。

　　[Q/A]

ほかに質問がなければ終わります。どうもありがとうございました。

4. 意見を言うとき／発表するときの表現

1）意見を言うときの表現

子供にとって遊びは	必要　です。
	必要　でしょう。
	必要だと思います。
	必要だと考えます。
	必要なのではないでしょうか。
	必要　かもしれません。

2）伝聞の表現

田中先生は	「子供にとって遊びは必要だ」	と言っています。 と書いています。 と説明しています。
田中先生の本には	「子供にとって遊びは必要だ」	と書いてあります。 と書かれています。
ＮＨＫのニュースによると 田中さんの話では	新宿で火事があった	そうです。 らしいです。 ということです。

3）比較する

エベレスト**は**富士山**より**高いです。

富士山はエベレスト**ほど**、高く**ありません**。

お酒**では**、ワイン**が一番**好きです。

日本**は**オーストラリア ［ **に比べると** / **に比べて** ］ 牛肉の値段が高いです。

紅茶**は**ウーロン茶**と** ［ 色が似ています。 / 作り方が違います。 / 原料が同じです。 ］

都会は人口が増えている。**これに対して**いなかは人口が減っています。

4）文をつなげる

続けて言う、結果を言う	ですから　したがって　それで　そして　それから
理由を説明する	なぜなら　というのは
反対のことを言う	しかし　けれども
並べて言う	また
言いかえる	つまり
付け加える	その上　それに　しかも　そして　それから
例を言う	たとえば
ほかの例を言う	または
説明の順序を言う	まず　はじめに　次に　さらに　最後に
話をかえる	さて　ところで

5．評価表

1）アンケート調査発表評価

月　　　日

テーマ　[		]
名　前　[	]	

アンケートシート	フォーム	2　1　0
	質問内容	3　2　1　0
原稿	内容	4　3　2　1　0
	構成	4　3　2　1　0
	正確さ	3　2　1　0
発表	発音・イントネーション	3　2　1　0
	スピードやポーズ	3　2　1　0
	声の大きさ	2　1　0
	聞き手を意識していたか	2　1　0
	質疑応答	2　1　0
その他		2　1　0
合計		／ 30

コメント
よかったところ
努力したいところ

2）発表評価 (はっぴょうひょうか)

月　　　日

テーマ [		]
名　前 [	]	

調査活動 (ちょうさかつどう)	資料収集 (しりょうしゅうしゅう)	2　1　0
原稿 (げんこう)	内容 (ないよう)	4　3　2　1　0
	構成 (こうせい)	4　3　2　1　0
	正確さ (せいかく)	4　3　2　1　0
発表	発音・イントネーション (はつおん)	3　2　1　0
	スピードやポーズ	3　2　1　0
	声の大きさ (こえ)	3　2　1　0
	聞き手を意識していたか (いしき)	3　2　1　0
	質疑応答 (しつぎおうとう)	2　1　0
その他 (た)		2　1　0
合計 (ごうけい)		／ 30

コメント

　よかったところ

　努力 (どりょく) したいところ

3) 文集作り評価

月　　日

| テーマ [| |] |
| 名　前 [|] | |

原稿	構成	6 5 4 3 2 1 0
	内容のまとめ	6 5 4 3 2 1 0
	正確さ	
	文法	6 5 4 3 2 1 0
	表記	5 4 3 2 1 0
文集作り (編集、製本など)		5 4 3 2 1 0
その他		2 1 0
合計		／ 30

コメント

　よかったところ

　努力したいところ

読み物の解答例

❶旅行

〈手紙〉

（1）1．（×）　2．（×）　3．（○）　4．（○）　5．（×）　6．（○）

（2）1．日本人だけでなく、いろいろな国の人と友達になれたこと。

　　2．見ていると心がゆったりしてきた。

〈はがき〉

（1）1．（×）　2．（○）　3．（○）　4．（×）　5．（○）

❷いつ、どこで買う？

（1）1．（×）　2．（×）　3．（○）　4．（×）　5．（○）　6．（×）

　　7．（○）

（2）1．・近所にあること。

　　　　・24時間開いていること。

　　　　・よく売れるいろいろな商品があること。

　　2．自分で食事を作らなくなった。

　　3．宿泊の予約、コンサートや映画、スポーツのチケットの販売、宅
　　　　配便の受け取り、現金の引き出し、商品の配達、移動販売

❸祭り

（1）1．（○）　2．（×）　3．（○）　4．（×）　5．（×）　6．（○）

　　7．（○）　8．（×）

（2）1．病気で死んだ人や動物が悪い神になって人々を苦しめるからだと
　　　　考えられていた。

　　2．農村や漁村で始められた「よろこび」の祭りと、祇園祭のような
　　　　「おそれ」から生まれた祭り。

3. 山車を作ってひいたことと（祇園ばやしという）独特な音楽を使って場面によって違うリズムやメロディーを演奏したこと。

〈参考〉

	それまでの祭り	祇園祭
季節	春・秋	夏
場所	農村・漁村	都会（京都）
始まり	よろこび	おそれ
目的	収穫を祈ったり、感謝したりすること	悪いことをなくすこと
形	祭りの道具を手に持ったり、肩にのせたりする	山車を作って人がのったり、ひいたりする。祇園ばやしを演奏する

❹贈り物

（1）1.（×）　2.（×）　3.（○）　4.（×）　5.（○）　6.（○）

（2）1. 料理を作ってあげたり、絵を描いてあげたり、曲を作ってあげたりすること。

2. プレゼントをあげる相手の喜ぶ顔を想像しながらプレゼントを選ぶこと。

❺マスメディア

（1）1.（○）　2.（×）　3.（○）　4.（○）　5.（×）　6.（○）

7.（×）

（2）1. いいところ：

いろいろな情報を簡単に手に入れることができること。

どこからでもアクセスが可能なこと。

さまざまな活動ができること。

悪いところ：

　　子供に悪い影響を与えること。

　　知らないうちに犯罪に関係してしまうかもしれないこと。

2. メディアの情報が本当かどうか、考えながら見たり、番組がどんな立場で作られているか、知ることが大切である。

表現リスト

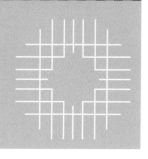

❶旅行

〜て〜になる

〜だけでなく〜（も）

〜という

〜のは初めてだ

〜ているうちに〜てきた

〜あいだに

❷コンビニ

〜のに〈目的〉

〜に関係なく

〜ために〈原因・理由〉

〜てくる

〜ていく

❸祭り

〜として

〜のは〜からだ

〜ように〈目的〉

〜という点で

〜によって

〜と言われている

❹贈り物

〜ものだ

〜のも一つの方法だ

〜のではないだろうか

〜ようだ

〜というのは〜

〜そうだ

❺マスメディア

〜とともに

〜ようになる（〜なくなる）

〜かもしれない

〜ために〈目的〉

〜ようにする

（疑問語）〜ても

編著者
佐々木薫

赤木浩文　専修大学国際交流センター　チーフコーディネーター
安藤節子　元桜美林大学リベラルアーツ学群　准教授
草野宗子　早稲田大学日本語教育研究センター　非常勤講師
　　　　　東京工業大学留学生センター　非常勤講師
田口典子　元日本大学日本語講座　非常勤講師

執筆協力者
　西川悦子　山口のぞみ　鈴木孝恵

翻訳
　スリーエーネットワーク（英語）
　徐前（中国語）
　禹守根、中村克哉（韓国語）
　レ・チャン・トゥー・チュック（ベトナム語）

イラスト　　　　　　　　　　　　　装丁デザイン
　向井直子　　　　　　　　　　　　　山田武

新訂版　トピックによる日本語総合演習
テーマ探しから発表へ　中級前期

2001 年 8 月 24 日初版第 1 刷発行
2009 年 6 月 22 日改訂版第 1 刷発行
2020 年 5 月 18 日新訂版第 1 刷発行

著　者　佐々木薫　赤木浩文　安藤節子　草野宗子　田口典子
発行者　藤嵜政子
発　行　株式会社スリーエーネットワーク
　　　　〒102-0083　東京都千代田区麹町 3 丁目 4 番
　　　　　　　　　　トラスティ麹町ビル 2F
　　　　電話　営業　03（5275）2722
　　　　　　　編集　03（5275）2725
　　　　https://www.3anet.co.jp/
印　刷　倉敷印刷株式会社

スリーエーネットワークの中上級日本語教材

留学生のための
アカデミック・ジャパニーズ

東京外国語大学留学生日本語教育センター ● 編著

聴解中級
B5判　85頁＋別冊32頁（スクリプト・解答）CD 1枚付
2,000円＋税　〔ISBN978-4-88319-641-8〕

聴解中上級
B5判　87頁＋別冊35頁（スクリプト・解答）CD 1枚付
2,000円＋税　〔ISBN978-4-88319-687-6〕

聴解上級
B5判　85頁＋別冊59頁（スクリプト・解答）CD 2枚付
2,000円＋税　〔ISBN978-4-88319-716-3〕

動画で学ぶ大学の講義
B5判　113頁＋別冊68頁（スクリプト・解答例）
2,000円＋税　〔ISBN978-4-88319-789-7〕

....

アカデミック・ライティングのための
パラフレーズ演習

鎌田美千子・仁科浩美 ● 著

B5判　74頁＋別冊解答15頁（解答例）　1,400円＋税　〔ISBN978-4-88319-681-4〕

....

留学生のための
ジャーナリズムの日本語
－新聞・雑誌で学ぶ重要語彙と表現－

一橋大学国際教育交流センター ● 編　澁川晶・高橋紗弥子・庵功雄 ● 著

B5判　130頁＋別冊7頁（解答）　2,000円＋税　〔ISBN978-4-88319-715-6〕

....

アカデミック・スキルを身につける
聴解・発表ワークブック

犬飼康弘 ● 著

B5判　141頁＋別冊（表現・スクリプト）54頁
CD 1枚付　2,500円＋税　〔ISBN978-4-88319-426-1〕

スリーエーネットワーク

ウェブサイトで新刊や日本語セミナーをご案内しております。
https://www.3anet.co.jp/